目　次
― Contents ―

🎧 音声ファイル無料ダウンロード

本書内の 🎧 の表示がある箇所の音声は、下記方法にて無料でダウンロードできます。

※音声ファイルは、各パートのパート別バージョンと、テスト開始の挨拶から終了の合図までのテスト本番バージョンの2パターンございます。

ダウンロードパスワード：**hskkako2102**

◇ 📱 スマホ・タブレットから

"App Store"、"Google Play ストア" で HSK音声ポケット 🔍 を検索して無料アプリをインストール

【手順】
① 「MY ポケット」ページの 書籍を追加 をタップ
② 「書籍一覧」ページで、ダウンロードする書籍をタップ
③ 「PW 入力」ページに、ダウンロードパスワードを入力し、 ダウンロード をタップ

◆ 💻 パソコンから

URL：**https://ch-edu.net/hsk_kakomon2021/**

【手順】
① 上記URLにアクセス
　（URLからアクセスする際は、検索欄ではなく、ページ上部のURLが表示されている部分に直接ご入力下さい。）
② アクセス先のページでダウンロードパスワードとメールアドレス等の必要事項を入力
③ ご入力いただいたメールアドレス宛にダウンロードページURLが記載されたメールが届く
　（自動送信の為、ご入力いただいたメールアドレスに必ずお送りしています。受信しない場合は、迷惑メールフォルダー等をご確認下さい。それでも受信していない場合は再度初めからご登録下さい。）
④ ダウンロードページにて音声（MP3）ファイルをダウンロード

※CDはご用意しておりませんのでご了承下さい。

はじめに

1. 本書について

○ 本書には、近年実施されたHSKの試験5回分の問題を収録しています。聴力問題の音声はすべて無料でダウンロードしていただけます。詳細は2ページをご覧ください。

○ 81ページからの解答・解説には、聴力問題のリスニングスクリプトと和訳、読解問題の和訳と解説を掲載しています。

○ 本書では、逐語訳を基本としていますが、訳文がなるべく自然な日本語となるよう、各文法要素が読み取れるような表現を使用しています。

2. 文法用語

解説では次の用語を使用しています。

文を構成するもの及び文の成分

・単語、連語(=フレーズ)、節
・主語、述語、目的語、状語(=連用修飾語)、定語(=連体修飾語)、補語(状態補語、程度補語、結果補語、方向補語、可能補語、数量補語)

品詞等

名詞、時間詞、場所詞、方位詞、数詞、量詞(名量詞、動量詞)、数量詞、代詞(人称代詞、指示代詞、疑問代詞)、動詞、能願動詞(=助動詞)、形容詞、副詞(一般副詞、否定副詞)、介詞、接続詞、助詞(構造助詞、動態助詞、語気助詞)、感動詞、擬声詞、離合詞、成語、慣用語、接頭辞、接尾辞

HSK とは？？

　　HSKは中国語能力検定試験 **"汉语水平考试"**（Hanyu Shuiping Kaoshi）のピンインの頭文字をとった略称です。HSKは、中国政府教育部（日本の文部科学省に相当）が認定する世界共通の中国語の語学検定試験で、母語が中国語ではない人の中国語の能力を測るために作られたものです。現在、中国国内だけでなく、世界各地で実施されています。

Hanyu　**S**huiping　**K**aoshi
汉语　　水平　　考试

中国政府認定
世界共通のテスト

HSK の導入と試験内容

　HSKは、1990年に中国国内で初めて実施され、翌1991年から、世界各国で実施されるようになりました。

　2010年から導入されたHSKでは、これまで以上にあらゆるレベルの学習者に対応できるよう、試験難易度の幅を広げ、各段階での学習者のニーズを満たすことを目指しました。また、HSKは、中国語によるコミュニケーション能力の測定を第一の目的とした実用的な試験です。そのため、実際のコミュニケーションで使用する会話形式の問題や、リスニング、スピーキング能力の測定に重点をおいた試験となっています。

リスニング

会話形式の問題

コミュニケーション
能力を重視

HSK 受験のメリット

　HSKは、中国政府の認定試験であるため、中国において中国語能力の公的な証明として通用し、HSK証書は中国の留学基準や就職の際にも活用されています。

　また、2010年のリニューアルでは、ヨーロッパにおいて外国語学習者の能力評価時に共通の基準となるCEFR[※1]と合致するよう設計されたため、欧米各国の外国語テストとの互換性から難易度の比較がしやすく、世界のどの地域でも適切な評価を受けることが可能となりました。

中国語能力の測定基準

　◉自分の中国語能力を測定することで、学習の効果を確認するとともに、学習の目標として設定することでモチベーション向上につながります。

企業への中国語能力のアピール

　◉企業採用選考時の自己アピールとして中国語能力を世界レベルで証明できるだけでなく、入社後の実務においても中国語のコミュニケーション能力をアピールする手段になり、現地（中国）勤務や昇進等の機会を得ることにつながります。

中国の大学への留学や中国での就職

　◉HSKは大学への本科留学の際に必要な条件となっています。また、中国国内での就職を考える際にも、中国語能力を証明するために必要な資格であると言えます。

日本国内の大学入試優遇

　◉大学入試の際にHSKの資格保有者に対し優遇措置をとる大学が増えてきています。
　（詳細はHSK事務局HP：https://www.hskj.jp）

[※1]
CEFR（ヨーロッパ言語共通参照枠組み：Common European Framework of Reference for Languages: Learning, teaching, assessment）は、ヨーロッパにおいて、外国語教育のシラバス、カリキュラム、教科書、試験の作成時、および学習者の能力評価時に共通の基準となるもので、欧州評議会によって制定されたもの。学習者個人の生涯にわたる言語学習を、ヨーロッパのどこに住んでいても断続的に測定することができるよう、言語運用能力を段階的に明記している。

HSK 各級のレベル

HSKでは、1級から6級までに級が分けられ、合否およびスコアによって評価されます。

難易度	級	試験の程度	語彙量	CEFR	
高	6級	中国語の情報をスムーズに読んだり聞いたりすることができ、会話や文章により、自分の見解を流暢に表現することができる。	5,000 語以上の常用中国語単語	C2	熟達した言語使用者
	5級	中国語の新聞・雑誌を読んだり、中国語のテレビや映画を鑑賞したりでき、中国語を用いて比較的整ったスピーチを行うことができる。	2,500 語程度の常用中国語単語	C1	
	4級	中国語を用いて、広範囲の話題について会話ができ、中国語を母国語とする相手と比較的流暢にコミュニケーションをとることができる。	1,200 語程度の常用中国語単語	B2	自立した言語使用者
	3級	生活・学習・仕事などの場面で基本的なコミュニケーションをとることができ、中国旅行の際にも大部分のことに対応できる。	600 語程度の基礎常用中国語単語及びそれに相応する文法知識	B1	
	2級	中国語を用いた簡単な日常会話を行うことができ、初級中国語優秀レベルに到達している。大学の第二外国語における第一年度履修程度。	300 語程度の基礎常用中国語単語及びそれに相応する文法知識	A2	基礎段階の言語使用者
低	1級	中国語の非常に簡単な単語とフレーズを理解、使用することができる。大学の第二外国語における第一年度前期履修程度。	150 語程度の基礎常用中国語単語及びそれに相応する文法知識	A1	

HSK2級 試験概要

※2023年6月試験時点

HSK2級について

　HSK2級は、受験生の日常中国語の応用能力を判定するテストで、「身近な日常生活の話題について簡単で直接的な交流ができ、初級中国語の上位レベルに達している」ことが求められます。主に週2〜3回の授業を1年間（2学期間）習い、300語程度の常用単語と文法知識を習得している者を対象としています。

試験内容

聴力（聞き取り）：約25分・放送回数2回

パート	形　式	問題数	配点
第1部分	放送される短文が写真と一致するかを答える	10題	
第2部分	放送される短い会話の内容に一致する写真を選ぶ	10題	100点
第3部分	放送される短い会話の内容に関する問いに答える	10題	
第4部分	放送されるやや長い会話の内容に関する問いに答える	5題	

読解：22分

パート	形　式	問題数	配点
第1部分	短文に一致する写真を選ぶ	5題	
第2部分	文中の空所に適切な語句を補う	5題	100点
第3部分	2つの短文の内容が一致するかを答える	5題	
第4部分	意味が通る短文を組み合わせる	10題	

○試験開始の前に、解答用紙に必要事項を記入する時間が与えられます。
○聴力試験終了後に、解答用紙に記入する時間が予備として3分間与えられます。

○聴力、読解の配点はそれぞれ100点、合計200点で評価されます。

○総得点120点が合格ラインです。

○HSK 2 級の成績報告には、聴力、読解のそれぞれの得点および総得点が明記されます。

○成績報告は合否に関わらず受験者全員（試験無効者を除く）に送付され、発送には試験後約60日を要します。

○試験の約 1 か月後から、HSK公式ホームページ（https://www.hskj.jp）にて成績照会を行うことが可能（准考証号と姓名の入力が必要）です。

○採点は中国本部にて実施しており、配点・採点基準等につきましては非公開となっております。

○HSKの成績は、外国人留学生が中国の大学に入学するための中国語能力証明とする場合、その有効期間は受験日から起算して 2 年間とされています。

ここでは、試験当日の注意事項や、試験の概要を紹介します。

持ち物

試験当日の持ち物を確認しておきましょう。

□ 受験票

□ 身分証明書（顔写真付きのもの）

□ 鉛筆（2B以上の濃いもの）

□ 消しゴム

□ 時計（携帯電話等は不可）

集合時間

受験票に記載されている集合時間を確認しておきましょう。

試験開始時刻の20分前に受付が開始されます。

試験開始時刻から試験の事前説明が始まり、これ以降は入室できなくなりますので注意しましょう。

試験の流れ

試験開始から終了までは次のような流れで進行します。

次ページ以降では、試験の流れを詳しく見ていきます。

※2級の試験では、聴力試験の放送内容以外の指示は日本語で行われます。聴力試験の放送内容は18ページで紹介していますので、事前に確認しておきましょう。

10

1. 試験開始

試験開始時刻になると、事前説明が始まります。

2. 必要事項の記入

試験官の指示に従い、受験票に記載されている番号などを参考にして必要事項の記入を行いましょう。

① 姓名 (名前)
② 中文姓名 (中国語の名前：記入不要)
③ 考生序号 (受験番号)
④ 考点代码 (受験地番号)
⑤ 国籍 (国籍：番号)
⑥ 年龄 (年齢)
⑦ 性别 (性別)

※③～⑥は左側の空欄に数字を記入したうえで、その横に並んでいる番号のうち、該当するものをそれぞれマークしてください。

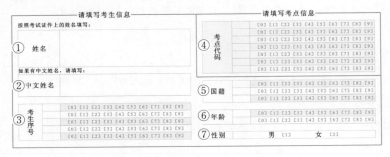

11

3. 注意事項の説明・問題用紙の配布

必要事項の記入が終わると、試験中の注意事項および試験の内容に関して、説明が行われます。その後、音量確認が行われ、問題用紙が配布されます。問題用紙は試験官から指示があるまで開封できません。

問題用紙に記載してある注意事項について、試験官から説明があります。

注意事項は次のとおりです。

> ① HSK2級の試験は2つの部分に分かれている。
>   1. 聴力(聞き取り)試験(35題、約25分間)
>   2. 読解試験(25題、22分間)
> ② 聴力試験の後、解答用紙に記入するための時間が3分間ある。
> ③ 試験時間は全部で約55分間(必要事項を記入する時間5分間を含む)

※会場ごとに聴力試験、読解試験の開始時間および終了時間が記入・掲示されますので、終了時間は会場ごとに異なる場合があります。

4. 聴力試験

説明の後、試験官より問題用紙開封と、聴力試験開始の合図があり、放送が開始します。

聴力試験中はすべての放送が中国語となります。聴力試験の試験時間は約25分間です。
※聴力試験の放送内容は18ページで紹介しています。

放送が終了すると、試験官より聴力試験終了の合図があります。その後3分間が与えられますので、解答を書ききれなかった場合は、この時間で解答の記入を行います。

5. 読解試験

解答用紙の記入時間が終了すると、試験官より読解試験開始の合図があります。

読解試験の試験時間は22分間です。

読解試験終了の5分前に、一度アナウンスがあります。

6. 試験終了

試験終了時間になると、試験官が問題用紙と解答用紙を回収します。

これで試験は終了です。試験官の指示に従って退出しましょう。

HSK 2 級の試験では、各パートの初めに例題が用意されています。

ここでは、例題の内容と和訳を紹介しています。各パートの問題形式を、確認しておきましょう。

	パート	問題数	時間	配点
听力 （聴力）	第 1 部分	10 題	約 25 分間	100 点
	第 2 部分	10 題		
	第 3 部分	10 題		
	第 4 部分	5 題		
阅读 （読解）	第 1 部分	5 題	22 分間	100 点
	第 2 部分	5 題		
	第 3 部分	5 題		
	第 4 部分	10 題		

1 听 力

第1部分

第 1 部分は、正誤判断の問題です。短文がそれぞれ 2 回ずつ読み上げられます。読み上げられた短文の内容が写真と一致する場合には「✓」を、一致しない場合には「×」を選択しましょう。あらかじめ写真を見て、短文の内容を予測しておくことでスムーズに答えが導けます。

【例題】

スクリプト

Wǒmen jiā yǒu sān gè rén.
我们 家 有 三 个 人。

スクリプト和訳 我が家は 3 人家族です。 正解

スクリプト

Wǒ měi tiān zuò gōnggòng qìchē qù shàngbān.
我 每 天 坐 公共 汽车 去 上班。

スクリプト和訳 私は毎日、バスに乗って
出勤します。 正解

第2部分は、会話の内容から写真を選択する問題です。
2人の会話文が2回ずつ読み上げられるので、会話の内容と一致する写真を選びましょう。写真は例題を除いて5つ与えられており、すべての選択肢が1回ずつ選ばれるようになっています。あらかじめ写真を見て、準備をしておきましょう。

【例題】

A   B   C   D   E   F

スクリプト

Nǐ xǐhuan shénme yùndòng?
男：你 喜欢 什么 运动 ？

Wǒ zuì xǐhuan tī zúqiú.
女：我 最 喜欢 踢 足球 。

スクリプト和訳

男：あなたは何のスポーツが好きですか？

女：私はサッカーが一番好きです。　　　　　　正解 D

第3部分

第3部分は、会話の内容に関する問題です。2人の会話とその内容に関する問いがそれぞれ2回ずつ読み上げられます。問いに対する答えとして正しいものを、与えられた3つの選択肢から選びましょう。あらかじめ3つの選択肢に目を通しておきましょう。選択肢にはピンインが書いてありますので、聞き取るときのヒントになります。

【例題】

スクリプト

XiǎoWáng, zhèlǐ yǒu jǐ gè bēizi, nǎge shì nǐ de?
男：小王，这里 有 几 个 杯子，哪个 是 你 的 ？

Zuǒbian nàge hóngsè de shì wǒ de.
女：左边 那个 红色 的 是 我 的 。

XiǎoWáng de bēizi shì shénme yánsè de?
问：小王 的 杯子 是 什么 颜色 的 ？

选 择 肢

hóngsè
A 红色
hēisè
B 黑色
báisè
C 白色

スクリプト和訳

男：王さん、ここにいくつかコップがあるけど、どれが君の？

女：左側のその赤いのが私のよ。

問題：王さんのコップは何色ですか？　　　　正解 A (赤色)

第4部分は、会話の内容に関する問題です。2人の会話とその内容に関する問い
がそれぞれ2回ずつ読み上げられます。問いに対する答えとして正しいものを、与
えられた3つの選択肢から選びましょう。（第3部分の会話より少し長い会話で
す。）あらかじめ3つの選択肢に目を通しておきましょう。選択肢にはピンインが
書いてありますので、聞き取るときのヒントになります。

【例題】

スクリプト

Qǐng zài zhèr xiě nín de míngzi.
女：请在这儿写您的名字。

Shì zhèr ma?
男：是这儿吗？

Bú shì, shì zhèr.
女：不是，是这儿。

Hǎo, xièxie.
男：好，谢谢。

Nán de yào xiě shénme?
问：男的要写什么？

選択肢

míngzi　　　　shíjiān　　　　wèntí
A 名字　　B 时间　　C 问题

スクリプト和訳

女　：こちらにお名前をお書きください。

男　：ここですか？

女　：いいえ、こちらです。

男　：分かりました。ありがとう。

問題：男性は何を書こうとしていますか？

正解 A（名前）

15

2 阅 读

第 1 部分は、短文の内容から写真を選択する問題です。与えられた短文を読み取り、その内容と一致する写真を選びましょう。写真は例題を除いて 5 つ与えられており、すべての選択肢が 1 回ずつ選ばれるようになっています。

【例題】

   A　　　　　B　　　　　C　　　　　D　　　　　E　　　　　F

問　題
Měi gè xīngqīliù, wǒ dōu qù dǎ lánqiú.
每 个 星期六, 我 都 去 打 篮球。

問題文和訳
毎週土曜日に、私はいつもバスケットボールをしに行きます。

正解 **D**

第 2 部分は、空所補充問題です。短文の空所部分に適切な語句を補い、意味の通る文章を作りましょう。語句の選択肢は例題を除いて 5 つ与えられており、すべての選択肢が 1 回ずつ選ばれるようになっています。

【例題】

選択肢
A 完 (wán)　　B 进 (jìn)　　C 过 (guo)
D 千 (qiān)　　E 贵 (guì)　　F 自行车 (zìxíngchē)

問　題
Zhèr de yángròu hěn hǎochī, dànshì yě hěn
这儿 的 羊肉 很 好吃, 但是 也 很 (　)。

問題文和訳
ここのヒツジ肉料理は美味しいです。でも値段が [高く] もあります。

正解 **E** (高い)

16

第3部分は、正誤判断の問題です。2つの短文が与えられていますので、その内容が一致する場合は「✓」を、一致しない場合には「×」を選択しましょう。

【例題】

| 問　　題 |

Xiànzài shì　diǎn　fēn,　tāmen yǐjīng yóule　　fēnzhōng le.
现在 是 11 点 30 分，他们 已经 游了 20 分钟 了。
Tāmen　diǎn　fēn kāishǐ yóuyǒng.
★ 他们 11 点 10 分 开始 游泳。

| 問題文和訳 | 今は11時30分です。彼らはすでに20分間泳ぎました。
★ 彼らは11時10分に泳ぎ始めました。　　正解　✓

| 問　　題 |

Wǒ huì tiàowǔ,　dàn tiào de bú tài hǎo.
我 会 跳舞，但 跳 得 不 太 好。
Shuōhuàrén tiào　de fēicháng hǎo.
★ 说话人 跳 得 非常 好。

| 問題文和訳 | 私はダンスができますが、あまり上手ではありません。
★ 話し手は踊るのがとても上手です。　　正解　✗

第4部分は、2つの短文を意味が通るように組み合わせる問題です。与えられた短文に対し、関連（対応）する文を、例題を除く5つの選択肢から選びます。すべての選択肢が1回ずつ選ばれるようになっています。

【例題】

| 選 択 肢 |

Tā bú rènshi nǐ.
A 它 不 认识 你。
Hěn jìn, cóng zhèr zuò chūzūchē,　liù-qī fēnzhōng jiù dào le.
B 很 近，从 这儿 坐 出租车，六七 分钟 就 到 了。
Tā sān nián de shíjiān li, xiěle　běn shū.
C 她 三 年 的 时间 里，写了 4 本 书。
Nǐ bǐ tā dà yí suì.
D 你 比 他 大 一 岁。
Tā zài nǎr ne?　　Nǐ kànjiàn tā le ma?
E 他 在 哪儿 呢？ 你 看见 他 了 吗？
Xiǎo Liú jiào wǒ　yìqǐ　qù pǎobù.
F 小 刘 叫 我 一起 去 跑步。

| 問　　題 |

Tā hái zài jiàoshì li　xuéxí.
他 还 在 教室 里 学习。

| 問題文和訳 | 彼はまだ教室の中で勉強しています。

正解　E（彼はどこにいますか？ あなたは彼を見かけましたか？）

　ここでは聴力試験の放送内容を紹介しています。問題のスクリプトは解答・解説を参照してください。実際の試験で日本語は放送されません。

> _{Dàjiā hǎo! Huānyíng cānjiā　　　èrjí kǎoshì.}
> **"大家 好！欢迎 参加 HSK 二级 考试。"**
>
> 「みなさん、こんにちは。HSK2級の試験にようこそ。」
>
> （3回放送されます。）

> _{èrjí tīnglì kǎoshì fēn sì bùfen, gòng sānshíwǔ tí.}
> **"HSK 二级 听力 考试 分 四部分，共 35 题。**
> _{Qǐng dàjiā zhùyì, tīnglì kǎoshì xiànzài kāishǐ.}
> **请 大家 注意，听力 考试 现在 开始。"**
>
> 「HSK2級の聴力試験は4つの部分に分かれており、全部で35題です。
> それでは、今から聴力試験を始めますので、注意して聴いてください。」

その後、第1部分から順に放送が始まります。

各部分の初めには

> _{Yígòng　　gè tí,　měití tīng liǎngcì.}
> **"一共 ○ 个 题，每题 听 两次。"**
>
> 「全部で○題あり、各問題の音声は2回ずつ流れます。」

というアナウンスがあります。

続いて例題が放送され、

> _{Xiànzài kāishǐ dì ○ tí:}
> **"现在 开始 第 ○ 题:"**
>
> 「それでは、第○題から始めます。」

というアナウンスの後、問題が始まります。

すべての問題が終わると、

> _{Tīnglì kǎoshì xiànzài jiéshù.}
> **"听力 考试 现在 结束。"**
>
> 「これで聴力試験は終わります。」

とアナウンスがあり、試験官の指示が続きます。

汉语水平考试 HSK（二级）答题卡

—— 请填写考生信息 ——

按照考试证件上的姓名填写：

姓名

如果有中文姓名，请填写：

中文姓名

考生序号	[0] [1] [2] [3] [4] [5] [6] [7] [8] [9]
	[0] [1] [2] [3] [4] [5] [6] [7] [8] [9]
	[0] [1] [2] [3] [4] [5] [6] [7] [8] [9]
	[0] [1] [2] [3] [4] [5] [6] [7] [8] [9]

—— 请填写考点信息 ——

考点代码	[0] [1] [2] [3] [4] [5] [6] [7] [8] [9]
	[0] [1] [2] [3] [4] [5] [6] [7] [8] [9]
	[0] [1] [2] [3] [4] [5] [6] [7] [8] [9]
	[0] [1] [2] [3] [4] [5] [6] [7] [8] [9]
	[0] [1] [2] [3] [4] [5] [6] [7] [8] [9]
	[0] [1] [2] [3] [4] [5] [6] [7] [8] [9]

| 国籍 | [0] [1] [2] [3] [4] [5] [6] [7] [8] [9] |
| | [0] [1] [2] [3] [4] [5] [6] [7] [8] [9] |

| 年龄 | [0] [1] [2] [3] [4] [5] [6] [7] [8] [9] |
| | [0] [1] [2] [3] [4] [5] [6] [7] [8] [9] |

| 性别 | 男 [1] 　 女 [2] |

注意　请用 2B 铅笔这样写：▬

一、听力

1. [✓] [✗]
2. [✓] [✗]
3. [✓] [✗]
4. [✓] [✗]
5. [✓] [✗]

6. [✓] [✗]
7. [✓] [✗]
8. [✓] [✗]
9. [✓] [✗]
10. [✓] [✗]

11. [A] [B] [C] [D] [E] [F]
12. [A] [B] [C] [D] [E] [F]
13. [A] [B] [C] [D] [E] [F]
14. [A] [B] [C] [D] [E] [F]
15. [A] [B] [C] [D] [E] [F]

16. [A] [B] [C] [D] [E] [F]
17. [A] [B] [C] [D] [E] [F]
18. [A] [B] [C] [D] [E] [F]
19. [A] [B] [C] [D] [E] [F]
20. [A] [B] [C] [D] [E] [F]

21. [A] [B] [C]
22. [A] [B] [C]
23. [A] [B] [C]
24. [A] [B] [C]
25. [A] [B] [C]

26. [A] [B] [C]
27. [A] [B] [C]
28. [A] [B] [C]
29. [A] [B] [C]
30. [A] [B] [C]

31. [A] [B] [C]
32. [A] [B] [C]
33. [A] [B] [C]
34. [A] [B] [C]
35. [A] [B] [C]

二、阅读

36. [A] [B] [C] [D] [E] [F]
37. [A] [B] [C] [D] [E] [F]
38. [A] [B] [C] [D] [E] [F]
39. [A] [B] [C] [D] [E] [F]
40. [A] [B] [C] [D] [E] [F]

41. [A] [B] [C] [D] [E] [F]
42. [A] [B] [C] [D] [E] [F]
43. [A] [B] [C] [D] [E] [F]
44. [A] [B] [C] [D] [E] [F]
45. [A] [B] [C] [D] [E] [F]

46. [✓] [✗]
47. [✓] [✗]
48. [✓] [✗]
49. [✓] [✗]
50. [✓] [✗]

51. [A] [B] [C] [D] [E] [F]
52. [A] [B] [C] [D] [E] [F]
53. [A] [B] [C] [D] [E] [F]
54. [A] [B] [C] [D] [E] [F]
55. [A] [B] [C] [D] [E] [F]

56. [A] [B] [C] [D] [E] [F]
57. [A] [B] [C] [D] [E] [F]
58. [A] [B] [C] [D] [E] [F]
59. [A] [B] [C] [D] [E] [F]
60. [A] [B] [C] [D] [E] [F]

2 級第 1 回

※テスト全体を通したテスト本番バージョンもダウンロード
　していただけます。
　（21K2Q-test1）

第 1-10 题

例如：　　 ✓　　　　 ✕

1.　　　　　2.　

3.　　　　　4.　

5.　　　　　6.　

7.　　　　　8.　

9.　　　　　10.

第 11-15 题

A

B

C

D

E

F

例如： 男：Nǐ xǐhuan shénme yùndòng?
你 喜欢 什么 运动？

女：Wǒ zuì xǐhuan tī zúqiú.
我 最 喜欢 踢 足球。 ☐ D

11. ☐

12. ☐

13. ☐

14. ☐

15. ☐

第 16-20 題

A

B

C

D

E

16. ☐

17. ☐

18. ☐

19. ☐

20. ☐

第 21-30 题

例如：　男：
Xiǎo Wáng, zhèlǐ yǒu jǐ gè bēizi, nǎge shì nǐ de?
小 王，这里 有 几 个 杯子，哪个 是 你 的 ？

　　　　女：
Zuǒbian nàge hóngsè de shì wǒ de.
左边 那个 红色 的 是 我 的。

　　　　问：
Xiǎo Wáng de bēizi shì shénme yánsè de?
小 王 的 杯子 是 什么 颜色 的 ？

A　hóngsè
　　红色 ✓

B　hēisè
　　黑色

C　báisè
　　白色

21.　A　diànhuà
　　　电话

B　diànnǎo
　　电脑

C　diànshì
　　电视

22.　A　yí kuài
　　　一 块

B　yìbǎi kuài
　　一百 块

C　yìqiān kuài
　　一千 块

23.　A　nǚ'ér
　　　女儿

B　érzi
　　儿子

C　péngyou
　　朋友

24.　A　shàngwǔ
　　　上午

B　xiàwǔ
　　下午

C　wǎnshang
　　晚上

25.　A　shū
　　　书

B　zhuōzi
　　桌子

C　yǐzi
　　椅子

26.　A　mèimei
　　　妹妹

B　jiějie
　　姐姐

C　māma
　　妈妈

27.　A　bù xiǎng lái
　　　不 想 来

B　shēngbìng le
　　生病 了

C　jiā li yǒu shì
　　家 里 有 事

28.　A　mǎi yīfu
　　　买 衣服

B　kàn diànyǐng
　　看 电影

C　qù lǚyóu
　　去 旅游

29.　A　Dàmíng
　　　大明

B　Dàmíng de gēge
　　大明 的 哥哥

C　Dàmíng de bàba
　　大明 的 爸爸

30.　A　jiàoshì
　　　教室

B　fàndiàn
　　饭店

C　tóngxué jiā
　　同学 家

第 1 回

第 31-35 题

例如： 女：^{Qīng zài zhèr xiě nín de míngzi.}请 在 这儿 写 您 的 名字。

男：^{Shì zhèr ma?}是 这儿 吗？

女：^{Bú shì, shì zhèr.}不 是，是 这儿。

男：^{Hǎo, xièxie.}好，谢谢。

问：^{Nán de yào xiě shénme?}男 的 要 写 什么？

A ^{míngzi}名字 ✓　　　　B ^{shíjiān}时间　　　　C ^{wèntí}问题

31. A ^{xuéxí}学习　　　　B ^{xiūxi}休息　　　　C ^{kǎoshì}考试

32. A ^{hái búcuò}还 不错　　　　B ^{tài xiǎo le}太 小 了　　　　C ^{yánsè bù hǎo}颜色 不 好

33. A ^{xuéxiào}学校　　　　B ^{shāngdiàn}商店　　　　C ^{yīyuàn}医院

34. A ^{shuǐ tài lěng}水 太 冷　　　　B ^{tā hěn lèi}她 很 累　　　　C ^{méi shíjiān}没 时间

35. A ^{zǒu lù}走 路　　　　B ^{bàba sòng tā}爸爸 送 她　　　　C ^{māma sòng tā}妈妈 送 她

第1部分

第 36-40 题

A 　　　　B

C 　　　　D

E 　　　　F

例如：
Měi gè xīngqīliù, wǒ dōu qù dǎ lánqiú.
每 个 星期六，我 都 去 打 篮球。　　　　D

36.
Wǒ jīntiān chuān de tài shǎo le, shǒu fēicháng lěng.
我 今天 穿 得 太 少 了，手 非常 冷。

37.
Lǎoshī shuō de huà wǒ méi tīngdǒng.
老师 说 的 话 我 没 听懂。

38.
Zhème wǎn le, tā zěnme hái zài gōngzuò ne?
这么 晚 了，他 怎么 还 在 工作 呢？

39.
Zhèr de chūzūchē zhēn piányi.
这儿 的 出租车 真 便宜。

40.
Qǐng bāng wǒ rè yíxià zhè bēi niúnǎi, xièxie.
请 帮 我 热 一下 这 杯 牛奶，谢谢。

第 2 部分

第 41-45 题

A 旁边 (pángbiān)　B 面条儿 (miàntiáor)　C 次 (cì)　D 上班 (shàngbān)　E 贵 (guì)　F 孩子 (háizi)

例如：这儿 的 羊肉 很 好吃，但是 也 很 （ E ）。
(Zhèr de yángròu hěn hǎochī, dànshì yě hěn)

41. 我们 是 第一 （　　　） 来 这里 打 篮球。
(Wǒmen shì dì-yī lái zhèlǐ dǎ lánqiú.)

42. 你 丈夫 什么 时候 去 机场 （　　　） 的 ？
(Nǐ zhàngfu shénme shíhou qù jīchǎng de?)

43. 我们 住 的 宾馆 （　　　） 有 一 个 小 商店。
(Wǒmen zhù de bīnguǎn yǒu yí gè xiǎo shāngdiàn.)

44. 我 早上 吃了 鸡蛋 和 （　　　）。
(Wǒ zǎoshang chīle jīdàn hé)

45. 女：女儿 学 点儿 什么 好 呢 ？
(Nǚ'ér xué diǎnr shénme hǎo ne?)

　　男：女 （　　　） 学 跳舞 怎么样 ？
(Nǚ xué tiàowǔ zěnmeyàng?)

28

第 46-50 题

例如：
Xiànzài shì diǎn fēn, tāmen yǐjīng yóule fēnzhōng le.
现在 是 11 点 30 分，他们 已经 游了 20 分钟 了。

Tāmen diǎn fēn kāishǐ yóuyǒng.
★ 他们 11 点 10 分 开始 游泳。 （ ✓ ）

Wǒ huì tiàowǔ, dàn tiào de bú tài hǎo.
我 会 跳舞，但 跳 得 不 太 好。

Shuōhuàrén tiào de fēicháng hǎo.
★ 说话人 跳 得 非常 好。 （ ✕ ）

Nǐmen zài wàimiàn wánr yì tiān le, dōu méi hǎohao chī fàn, wǒ zuòle nǐmen xǐhuan
46. 你们 在 外面 玩儿 一 天 了，都 没 好好 吃 饭，我 做了 你们 喜欢

chī de cài. Lái, duō chī diǎnr.
吃 的 菜。来，多 吃 点儿。

Tāmen xuéxíle yì tiān.
★ 他们 学习了 一 天。 （ ）

Xuě xiàle hǎo jǐ gè xiǎoshí le, lùshang shénme chē dōu méiyǒu, wǒmen zěnme qù
47. 雪 下了 好 几 个 小时 了，路上 什么 车 都 没有，我们 怎么 去

shāngdiàn mǎi dōngxi ne?
商店 买 东西 呢？

Lùshang méiyǒu chē.
★ 路上 没有 车。 （ ）

Jīntiān xièxie nǐ le, zhèr lí wǒ jiā bú tài yuǎn, zǒu fēnzhōng jiù néng dào,
48. 今天 谢谢 你 了，这儿 离 我 家 不 太 远，走 20 分钟 就 能 到，

nǐ xiǎng lái zuòzuo ma?
你 想 来 坐坐 吗？

Zhèr lí shuōhuàrén jiā bú tài jìn.
★ 这儿 离 说话人 家 不 太 近。 （ ）

49.
Wǒ jiě jiā yǒu yì zhī hěn yǒu yìsi de hēisè xiǎo gǒu, wǒ tiān tiān dōu qù kàn
我 姐 家 有 一 只 很 有 意思 的 黑色 小 狗，我 天 天 都 去 看

tā, tā hěn xǐhuan wǒ.
它，它 很 喜欢 我。

★
Jiějie jiā de gǒu shì hēisè de.
姐姐 家 的 狗 是 黑色 的。　　　　　　　　　　（　　　）

50.
Wǒ dìdi shì tāmen xuéxiào zuì gāo de xuéshēng, dǎ lánqiú yě hěn hǎo.
我 弟弟 是 他们 学校 最 高 的 学生，打 篮球 也 很 好。

★
Dìdi shì xuéxiào li zuì gāo de.
弟弟 是 学校 里 最 高 的。　　　　　　　　　（　　　）

第 51-55 题

A
Xiǎo Lǐ zěnme bù huí wǒ diànhuà?
小 李 怎么 不 回 我 电话 ？

B
Nínhǎo, diànyǐng piào duōshao qián?
您好，电影 票 多少 钱 ？

C
Nǐ zài zhǎo shénme ne?
你 在 找 什么 呢 ？

D
Māma, wǒmen chī shénme?
妈妈，我们 吃 什么 ？

E
Tā zài nǎr ne? Nǐ kànjiàn tā le ma?
他 在 哪儿 呢 ？ 你 看见 他 了 吗 ？

F
Jīntiān tiānqì zěnmeyàng?
今天 天气 怎么样 ？

Tā hái zài jiàoshì li xuéxí.
例如： 他 还 在 教室 里 学习。 　　　　　　 E

Zhōngwǔ wǒ zuò yú zěnmeyàng?
51. 中午 我 做 鱼 怎么样 ？ 　　　　　　 ☐

Yí gè rén kuài, liǎng gè rén kuài.
52. 一 个 人 50 块，两 个 人 85 块。 　　 ☐

Zǎoshang yīn tiān, xiàwǔ shì qíng tiān.
53. 早上 阴 天，下午 是 晴 天。 　　　　 ☐

Wǒ kànkan wǒ de shǒubiǎo zài nǎr.
54. 我 看看 我 的 手表 在 哪儿。 　　　 ☐

Nǐ xiàwǔ dǎ ba, tā xiànzài kěnéng yǒudiǎnr máng.
55. 你 下午 打 吧，她 现在 可能 有点儿 忙。 ☐

第 56-60 题

A　下 个 星期二 是 你 的 生日，我 送 你 点儿 什么 好 呢？
Xià gè xīngqī'èr shì nǐ de shēngrì, wǒ sòng nǐ diǎnr shénme hǎo ne?

B　报纸 上 说，新 火车站 很 大。
Bàozhǐ shàng shuō, xīn huǒchēzhàn hěn dà.

C　前 几 天 事情 多，身体 不 太 好。
Qián jǐ tiān shìqing duō, shēntǐ bú tài hǎo.

D　我 已经 到 家 了，你 来 开 一下 门。
Wǒ yǐjīng dào jiā le, nǐ lái kāi yíxià mén.

E　是 的，很 好看。
Shì de, hěn hǎokàn.

56. 你 今天 一 天 都 在 睡觉，怎么 了？
Nǐ jīntiān yì tiān dōu zài shuìjiào, zěnme le? ☐

57. 是 吗？　能 坐下 几 千 人 吗？
Shì ma? Néng zuòxià jǐ qiān rén ma? ☐

58. 这个 颜色 漂亮 吧？
Zhège yánsè piàoliang ba? ☐

59. 去年 这个 时候，你 也 问了 这个 问题。
Qùnián zhège shíhou, nǐ yě wènle zhège wèntí. ☐

60. 喂，你 到 哪儿 了？　晚饭 快 做好 了。
Wèi, nǐ dào nǎr le? Wǎnfàn kuài zuòhǎo le. ☐

2級第2回

※テスト全体を通したテスト本番バージョンもダウンロード
　していただけます。
　（21K2Q-test2）

第1部分 —————————————————————— 🎧 21K2Q2-1

第 1-10 题

例如：  ✓  ✗

1.  2.

3.  4.

5.  6.

7. 8.

9.  10.

第 11-15 题

A

B

C

D

E

F

例如： 男：你 喜欢 什么 运动 ？
　　　　　Nǐ xǐhuan shénme yùndòng?

　　　　女：我 最 喜欢 踢 足球。
　　　　　Wǒ zuì xǐhuan tī zúqiú.

D

11.

12.

13.

14.

15.

第2回

A

B

C

D

E

16. ☐

17. ☐

18. ☐

19. ☐

20. ☐

第2回

第 21-30 题

例如： 男：^{Xiǎo Wáng,} 小 王，^{zhèlǐ yǒu jǐ gè bēizi,} 这里 有 几 个 杯子，^{nǎge shì nǐ de?} 哪个 是 你 的 ？

女：^{Zuǒbian nàge hóngsè de shì wǒ de.} 左边 那个 红色 的 是 我 的 。

问：^{Xiǎo Wáng de bēizi shì shénme yánsè de?} 小 王 的 杯子 是 什么 颜色 的 ？

A ^{hóngsè} 红色 ✓ B ^{hēisè} 黑色 C ^{báisè} 白色

21. A ^{bú lèi} 不 累 B ^{yào xuéxí} 要 学习 C ^{bú qù yóuyǒng} 不 去 游泳

22. A ^{zuì ài chī} 最 爱 吃 B ^{juéde hǎochī} 觉得 好吃 C ^{cháng shíjiān méi chī} 长 时间 没 吃

23. A 1：00 B 1：20 C 1：40

24. A ^{yào} 药 B ^{chá} 茶 C ^{shuǐ} 水

25. A ^{qíng tiān} 晴 天 B ^{xià xuě le} 下 雪 了 C ^{xià yǔ le} 下 雨 了

26. A ^{pǎobù} 跑步 B ^{shuìjiào} 睡觉 C ^{dǎ diànhuà} 打 电话

27. A ^{jiějie} 姐姐 B ^{péngyou} 朋友 C ^{tóngxué} 同学

28. A ^{chē lǐmiàn} 车 里面 B ^{mén hòumiàn} 门 后面 C ^{yǐzi xiàmiàn} 椅子 下面

29. A ^{mǎi shū} 买 书 B ^{shàngkè} 上课 C ^{kàn diànshì} 看 电视

30. A ^{sān suì} 三 岁 B ^{sì suì} 四 岁 C ^{wǔ suì} 五 岁

第 31-35 题

例如： 女：请 在 这儿 写 您 的 名字。
Qǐng zài zhèr xiě nín de míngzi.

男：是 这儿 吗？
Shì zhèr ma?

女：不 是，是 这儿。
Bú shì, shì zhèr.

男：好，谢谢。
Hǎo, xièxie.

问：男 的 要 写 什么？
Nán de yào xiě shénme?

A 名字 ✓ míngzi　　　B 时间 shíjiān　　　C 问题 wèntí

31. A 不 漂亮 bú piàoliang　　B 有点儿 大 yǒudiǎnr dà　　C 有点儿 小 yǒudiǎnr xiǎo

32. A 星期四 xīngqīsì　　B 星期五 xīngqīwǔ　　C 星期六 xīngqīliù

33. A 足球 zúqiú　　B 篮球 lánqiú　　C 报纸 bàozhǐ

34. A 家 jiā　　B 学校 xuéxiào　　C 公司 gōngsī

35. A 不 喜欢 bù xǐhuan　　B 工作 太 多 gōngzuò tài duō　　C 天气 很 冷 tiānqì hěn lěng

2 阅 读

第1部分

第36-40题

A

B

C

D

E

F

例如：
Měi gè xīngqīliù,　wǒ dōu qù dǎ lánqiú.
每 个 星期六，我 都 去 打 篮球。 **D**

36.
Māma zài hē kāfēi.
妈妈 在 喝 咖啡。 ☐

37.
Zhège tí wǒ kàn bù dǒng, bú huì zuò.
这个 题 我 看 不 懂，不 会 做。 ☐

38.
Tā méi zuòshang gōnggòng qìchē.
他 没 坐上 公共 汽车。 ☐

39.
Wǒ nǚ'ér shēngbìng le, wǒ jīntiān bú qù diàn li le.
我 女儿 生病 了，我 今天 不 去 店 里 了。 ☐

40.
Wǒ zhōngwǔ chī de shì miàntiáor.
我 中午 吃 的 是 面条儿。 ☐

第 41-45 题

A　去年 qùnián　　B　慢 màn　　C　再 zài　　D　说话 shuōhuà　　E　贵 guì　　F　真 zhēn

例如：这儿的 羊肉 很 好吃，但是 也 很（ E ）。
Zhèr de yángròu hěn hǎochī, dànshì yě hěn

41. 上课 不 要（　　），有 问题 可以 问 老师。
Shàngkè bú yào, yǒu wèntí kěyǐ wèn lǎoshī.

42. 我 现在 很 忙，等 一下（　　）和 你 说，好 吗？
Wǒ xiànzài hěn máng, děng yíxià hé nǐ shuō, hǎo ma?

43. 这 边 鱼（　　）多！
Zhè biān yú duō!

44. （　　）的 这个 时候，我 在 中国 学习 汉语。
de zhège shíhou, wǒ zài Zhōngguó xuéxí Hànyǔ.

45. 女：（　　）点儿，一 小时 后 出 门 也 不 晚。
diǎnr, yì xiǎoshí hòu chū mén yě bù wǎn.

　　男：我们 今天 不 开车，早 点儿 出 门 吧。
Wǒmen jīntiān bù kāichē, zǎo diǎnr chū mén ba.

第 3 部分

第 46-50 题

例如：
Xiànzài shì 11 diǎn 30 fēn, tāmen yǐjīng yóule 20 fēnzhōng le.
现在 是 11 点 30 分，他们 已经 游了 20 分钟 了。

Tāmen 11 diǎn 10 fēn kāishǐ yóuyǒng.
★ 他们 11 点 10 分 开始 游泳。 (✓)

Wǒ huì tiàowǔ, dàn tiào de bú tài hǎo.
我 会 跳舞，但 跳 得 不 太 好。

Shuōhuàrén tiào de fēicháng hǎo.
★ 说话人 跳 得 非常 好。 (✗)

46. Lèle qù Zhōngguó wánr le, bú zài jiā, děng tā huílái, wǒ huì gàosù tā nǐ
乐乐 去 中国 玩儿 了，不 在 家，等 他 回来，我 会 告诉 他 你
zhǎoguo tā.
找过 他。

Lèle qù Zhōngguó lǚyóu le.
★ 乐乐 去 中国 旅游 了。 ( )

47. Tā shuō zhèr de píngguǒ hěn hǎochī, suǒyǐ tā měi tiān dōu huì chī yí gè.
他 说 这儿 的 苹果 很 好吃，所以 他 每 天 都 会 吃 一 个。

Tā bù xǐhuan chī nàr de píngguǒ.
★ 他 不 喜欢 吃 那儿 的 苹果。 ( )

48. Wǒ shàng cì lái Běijīng de shíhou, shì zhù zài péngyou jiā de, zhè cì zhù zài
我 上 次 来 北京 的 时候，是 住 在 朋友 家 的，这 次 住 在
bīnguǎn.
宾馆。

Shuōhuàrén shì dì-yī cì lái Běijīng.
★ 说话人 是 第一 次 来 北京。 ( )

49. Wǒmen jiā yǒu liǎng gè háizi, yí gè shì wǒ, yí gè shì wǒ mèimei. Wǒ mèimei

我们 家 有 两 个 孩子， 一 个 是 我， 一 个 是 我 妹妹。 我 妹妹

bǐ wǒ xiǎo qī suì.

比 我 小 七 岁。

★ Shuōhuàrén yǒu yí gè mèimei.

说话人 有 一 个 妹妹。 （   ）

50. Zhè shì tāmen jiā xīn chū de diànnǎo, bié kàn tā guì, tīngshuō shì jīnnián zuì hǎo de

这 是 他们 家 新 出 的 电脑，别 看 它 贵， 听说 是 今年 最 好 的

diànnǎo.

电脑。

★ Nàge diànnǎo bú guì.

那个 电脑 不 贵。 （   ）

第 51-55 题

A 　我 家 里 有 一 只 小 猫。
Wǒ jiā li yǒu yì zhī xiǎo māo.

B 　您 好！ 您 要 去 哪里？
Nín hǎo! Nín yào qù nǎlǐ?

C 　他 什么 时候 考试？
Tā shénme shíhou kǎoshì?

D 　可能 是 中午 吃 的 西瓜，我 去 洗洗。
Kěnéng shì zhōngwǔ chī de xīguā, wǒ qù xǐxi.

E 　他 在 哪儿 呢？ 你 看见 他 了 吗？
Tā zài nǎr ne? Nǐ kànjiàn tā le ma?

F 　昨天 来 看 你 的 那个 人 是 你 男朋友 吗？
Zuótiān lái kàn nǐ de nàge rén shì nǐ nánpéngyou ma?

例如： 他 还 在 教室 里 学习。　　　　　　　 E
Tā hái zài jiàoshì li xuéxí.

51. 不 是，他 是 我 哥哥。 ☐
Bú shì, tā shì wǒ gēge.

52. 它 的 名字 叫 "奶茶"。 ☐
Tā de míngzi jiào "Nǎichá".

53. 你 衣服 上 红红 的 是 什么？ ☐
Nǐ yīfu shang hónghong de shì shénme?

54. 下 个 星期一。 ☐
Xià gè xīngqīyī.

55. 请 送 我 去 新新 饭店。 ☐
Qǐng sòng wǒ qù Xīnxīn Fàndiàn.

第2回

第 56-60 题

A
Nǐhǎo, XiǎoWáng zài jiā ma? Wǒ shì tā de péngyou GāoXīn.
你好，小王 在 家 吗 ？ 我 是 他 的 朋友 高新。

B
Wǒ bú rènshi qù nà jiā cháguǎn de lù.
我 不 认识 去 那 家 茶馆 的 路。

C
Zhè sān gè fángjiān nǎge shì nǐ de?
这 三 个 房间 哪个 是 你 的 ？

D
Wáng yīshēng jīntiān zěnme zhème gāoxìng?
王 医生 今天 怎么 这么 高兴 ？

E
Zhè běn shū nǐ kànwán le ma? Juéde zěnmeyàng?
这 本 书 你 看完 了 吗 ？ 觉得 怎么样 ？

56.
Yīnwèi tā de bìngrén chūyuàn le.
因为 他 的 病人 出院 了。 ☐

57.
Hěn yǒu yìsi, xiě de búcuò.
很 有 意思，写 得 不错。 ☐

58.
Zài, kuài qǐng jìn.
在，快 请 进。 ☐

59.
Méi guānxi, wǒ qùguo, hěn jìn de.
没 关系，我 去过，很 近 的。 ☐

60.
Wǒ zhù yòubiān nàge xiǎo de.
我 住 右边 那个 小 的。 ☐

44

2級第3回

※テスト全体を通したテスト本番バージョンもダウンロード
　していただけます。
　(21K2Q-test3)

第1部分 ———————————————————————————————— 🎧 21K2Q3-1

第 1-10 题

例如：  ✓　　 ✕

1. 　　2.

3. 　　4.

5. 　　6.

7. 　　8.

9. 　　10.

第 11-15 题

A

B

C

D

E

F

例如： 男：你 喜欢 什么 运动 ？
Nǐ xǐhuan shénme yùndòng?

女：我 最 喜欢 踢 足球。
Wǒ zuì xǐhuan tī zúqiú.

| D |

11. ☐

12. ☐

13. ☐

14. ☐

15. ☐

A

B

C

D

E

16.

17.

18.

19.

20.

第 21-30 题

例如：　男：小 王, 这里 有 几 个 杯子, 哪个 是 你 的？
　　　　　　　Xiǎo Wáng, zhèlǐ yǒu jǐ gè bēizi, nǎge shì nǐ de?

　　　　　女：左边 那个 红色 的 是 我 的。
　　　　　　　Zuǒbian nàge hóngsè de shì wǒ de.

　　　　　问：小 王 的 杯子 是 什么 颜色 的？
　　　　　　　Xiǎo Wáng de bēizi shì shénme yánsè de?

	hóngsè		hēisè		báisè
A	红色 ✓	B	黑色	C	白色

21.	A	lǎoshī 老师	B	yīshēng 医生	C	fúwùyuán 服务员
22.	A	hěn lěng 很 冷	B	qíng tiān 晴 天	C	xià yǔ le 下 雨 了
23.	A	lǚguǎn 旅馆	B	kāfēiguǎn 咖啡馆	C	diànyǐngyuàn 电影院
24.	A	kǎoshì 考试	B	lǚyóu 旅游	C	shàngbān 上班
25.	A	rén hěn duō 人 很 多	B	fúwù hǎo 服务 好	C	chá bù hǎohē 茶 不 好喝
26.	A	zuò huǒchē 坐 火车	B	zuò chūzūchē 坐 出租车	C	zuò gōnggòng qìchē 坐 公共 汽车
27.	A	shāngdiàn 商店	B	jiā li 家 里	C	fàndiàn 饭店
28.	A	yí suì 一 岁	B	bā suì 八 岁	C	shí suì 十 岁
29.	A	yángròu 羊肉	B	jīròu 鸡肉	C	miàntiáor 面条儿
30.	A	méi zhǎodào 没 找到	B	zuòcuò le 做错 了	C	lí jiā jìn 离 家 近

第3回

49

第 31-35 题

例如：　女：Qǐng zài zhèr xiě nín de míngzi.
　　　　　请 在 这儿 写 您 的 名字。

　　　　男：Shì zhèr ma?
　　　　　是 这儿 吗？

　　　　女：Bú shì, shì zhèr.
　　　　　不 是，是 这儿。

　　　　男：Hǎo, xièxie.
　　　　　好，谢谢。

　　　　问：Nán de yào xiě shénme?
　　　　　男 的 要 写 什么？

　　　　A　míngzi
　　　　　名字 ✓
　　　　B　shíjiān
　　　　　时间
　　　　C　wèntí
　　　　　问题

31. A　shàngwǔ
　　　上午
　　B　xiàwǔ
　　　下午
　　C　wǎnshang
　　　晚上

32. A　diànshì hòumiàn
　　　电视 后面
　　B　zhuōzi xiàmiàn
　　　桌子 下面
　　C　diànnǎo hòumiàn
　　　电脑 后面

33. A　bìng hǎo le
　　　病 好 了
　　B　bù xiǎng shēngbìng
　　　不 想 生病
　　C　bù xiǎng chī yào
　　　不 想 吃 药

34. A　kuài
　　　105 块
　　B　kuài
　　　150 块
　　C　kuài
　　　250 块

35. A　pǎobù
　　　跑步
　　B　tī zúqiú
　　　踢 足球
　　C　dǎ lánqiú
　　　打 篮球

第 36-40 题

A

B

C

D

E

F

例如：
Měi gè xīngqīliù, wǒ dōu qù dǎ lánqiú.
每 个 星期六，我 都 去 打 篮球。　　　　D

36.
Mèimei hái bú dào liù suì, tā néng dúdǒng bàozhǐ ma?
妹妹 还 不 到 六 岁，她 能 读懂 报纸 吗？

37.
Wǒ ài bàba māma, wǒmen shì kuàilè de yì jiā rén.
我 爱 爸爸 妈妈，我们 是 快乐 的 一 家 人。

38.
Dì-yī tiān shàngbān, dàjiā gěile wǒ hěn duō bāngzhù.
第一 天 上班，大家 给了 我 很 多 帮助。

39.
Wǒ de diànnǎo chū wèntí le, dǎ bù kāi.
我 的 电脑 出 问题 了，打 不 开。

40.
Nǐ jiějie de yǎnjing zhēn piàoliang!
你 姐姐 的 眼睛 真 漂亮！

第 41-45 题

A 累 (lèi)　　B 懂 (dǒng)　　C 身体 (shēntǐ)　　D 两 (liǎng)　　E 贵 (guì)　　F 非常 (fēicháng)

例如： 这儿 的 羊肉 很 好吃，但是 也 很（ E ）。
(Zhèr de yángròu hěn hǎochī, dànshì yě hěn)

41. 今天 走了 很 多 路，真（　　　）！
(Jīntiān zǒule hěn duō lù, zhēn)

42. 爸爸 买了 一 个 茶杯，（　　　）百 零 二 块。
(Bàba mǎile yí gè chábēi, bǎi líng èr kuài.)

43. 他（　　　）不 太 好，我们 走 慢 点儿。
(Tā bú tài hǎo, wǒmen zǒu màn diǎnr.)

44. 姐姐（　　　）爱 看 书，有 时候 能 在 书店 看 一 天。
(Jiějie ài kàn shū, yǒu shíhou néng zài shūdiàn kàn yì tiān.)

45. 女：今天 的 课 你 都 听（　　　）了 吗 ？
(Jīntiān de kè nǐ dōu tīng le ma?)

　　男：没有，老师 说话 太 快 了。
(Méiyǒu, lǎoshī shuōhuà tài kuài le.)

第 46-50 题

例如： Xiànzài shì diǎn fēn, tāmen yǐjīng yóule fēnzhōng le.
现在 是 11 点 30 分，他们 已经 游了 20 分钟 了。

★ Tāmen diǎn fēn kāishǐ yóuyǒng.
他们 11 点 10 分 开始 游泳。 (✓)

Wǒ huì tiàowǔ, dàn tiào de bú tài hǎo.
我 会 跳舞，但 跳 得 不 太 好。

★ Shuōhuàrén tiào de fēicháng hǎo.
说话人 跳 得 非常 好。 (✕)

46. Nǚ'ér yīnwèi gōngzuò tài máng, bù hé wǒmen qù lǚyóu le.
女儿 因为 工作 太 忙，不 和 我们 去 旅游 了。

★ Nǚ'ér bú tài máng.
女儿 不 太 忙。 ( )

47. Lǐ xiǎojiě de jiā zài wǒmen jiā pángbiān, tā yí gè rén zhù. Yǒu shíhou māma
李 小姐 的 家 在 我们 家 旁边，她 一 个 人 住。有 时候 妈妈

zuòle hǎochī de, huì ràng wǒ sòng yìxiē gěi tā.
做了 好吃 的，会 让 我 送 一些 给 她。

★ Lǐ xiǎoiě de jiā lí wǒ jiā hěn yuǎn.
李 小姐 的 家 离 我 家 很 远。 ( )

48. Dōu diǎn le, nǐ zěnme hái zài zuò tí? Kuài diǎnr shuìjiào ba, míngtiān zǎoshang
都 12 点 了，你 怎么 还 在 做 题？ 快 点儿 睡觉 吧，明天 早上

hái yào shàngxué ne.
还 要 上学 呢。

★ Shíjiān tài wǎn le.
时间 太 晚 了。 ( )

49. Qīzi duì zhàngfu shuō: "wàimiàn xià xuě le, nǐ chū mén de shíhou duō chuān diǎnr."
    妻子 对 丈夫 说:"外面 下 雪 了,你 出 门 的 时候 多 穿 点儿。"

    ★ Jīntiān xià xuě le.
    ★ 今天 下 雪 了。   (   )

50. Lèle lái Zhōngguó yǐjīng sì nián le, xiànzài tā de Hànyǔ shuō de fēicháng hǎo, zài
    乐乐 来 中国 已经 四 年 了,现在 他 的 汉语 说 得 非常 好,在

    guó wài de shíhou, tā yí gè zì dōu bú huì shuō ne.
    国 外 的 时候,他 一 个 字 都 不 会 说 呢。

    ★ Lèle xiànzài Hànyǔ shuō de búcuò.
    ★ 乐乐 现在 汉语 说 得 不错。   (   )

第 51-55 题

A
Xièxie, tīngshuō xiě de hěn hǎo.
谢谢，听说 写 得 很 好。

B
Māma, wǒ zài kàn wǔ fēnzhōng kěyǐ ma?
妈妈，我 再 看 五 分钟 可以 吗？

C
Méi guānxi, gōngzuò zuòwán le ma?
没 关系，工作 做完 了 吗？

D
Shì de, rén hěn shǎo, cài yě bú guì.
是 的，人 很 少，菜 也 不 贵。

E
Tā zài nǎr ne? Nǐ kànjiàn tā le ma?
他在 哪儿 呢？ 你 看见 他 了 吗？

F
Xià yí zhàn shì Běijīngzhàn, xià chē de qǐng zuòhǎo zhǔnbèi.
下 一 站 是 北京站，下 车 的 请 做好 准备。

例如：
Tā hái zài jiàoshì li xuéxí.
他 还 在 教室 里 学习。 | E |

51.
Zhè běn shū sòng gěi nǐ, xīwàng nǐ xǐhuan.
这 本 书 送 给 你，希望 你 喜欢。 | |

52.
Háizi, ràng yǎnjing xiūxi yíxià ba.
孩子，让 眼睛 休息 一下 吧。 | |

53.
Nǐ hěn xǐhuan qù nà jiā fànguǎn chī fàn?
你 很 喜欢 去 那 家 饭馆 吃 饭？ | |

54.
Zǒu ba, wǒmen kuài dào le.
走 吧，我们 快 到 了。 | |

55.
Duìbuqǐ, gōngsī li shìqing tài duō, láiwǎn le.
对不起，公司 里 事情 太 多，来晚 了。 | |

A 小 王，我 看见 你 哥 在 外面，他 是 在 等 你 吗 ?

B 我 给 你 介绍 的 那个 宾馆 怎么样 ?

C 这 只 黑 狗 是 你 的 吗 ?

D "晴" 字 左边 是 一 个 "日"。

E 没有，这 是 茶。

56. 你 喝 的 是 咖啡 吗 ? 医生 不 是 让 你 少 喝 吗 ?

57. 不 是，我 的 是 白色 的。

58. 我 给 你 在 纸 上 写 一 下 吧。

59. 对，我 这 就 去 找 他。

60. 很 便宜，下 次 来 我 还 住 这儿。

2級第4回

問題

※テスト全体を通したテスト本番バージョンもダウンロード
していただけます。
（21K2Q-test4）

🎧 21K2Q4-1

第 1-10 题

例如： ✓　　　　 ✗

1. 　　　2.

3. 　　　4.

5. 　　　6.

7. 　　　8.

9. 　　　10.

第
4
回

第 11-15 题

A

B

C

D

E

F

例如： 男：<ruby>你<rt>Nǐ</rt></ruby> <ruby>喜欢<rt>xǐhuan</rt></ruby> <ruby>什么<rt>shénme</rt></ruby> <ruby>运动<rt>yùndòng</rt></ruby>？

女：<ruby>我<rt>Wǒ</rt></ruby> <ruby>最<rt>zuì</rt></ruby> <ruby>喜欢<rt>xǐhuan</rt></ruby> <ruby>踢<rt>tī</rt></ruby> <ruby>足球<rt>zúqiú</rt></ruby>。

D

11.

12.

13.

14.

15.

第 16-20 题

A

B

C

D

E

16. ☐

17. ☐

18. ☐

19. ☐

20. ☐

第4回

60

第 21-30 题

例如： 男：小 王，这里 有 几 个 杯子，哪个 是 你 的 ？
Xiǎo Wáng, zhèlǐ yǒu jǐ gè bēizi, nǎge shì nǐ de?

女：Zuǒbian nàge hóngsè de shì wǒ de.
左边 那个 红色 的 是 我 的 。

问：Xiǎo Wáng de bēizi shì shénme yánsè de?
小 王 的 杯子 是 什么 颜色 的 ？

A 红色 (hóngsè) ✓　　B 黑色 (hēisè)　　C 白色 (báisè)

21. A 上课 (shàngkè)　　B 开车 (kāichē)　　C 买票 (mǎi piào)

22. A 不错 (búcuò)　　B 人 不 多 (rén bù duō)　　C 书 太 少 (shū tài shǎo)

23. A 车站 (chēzhàn)　　B 宾馆 (bīnguǎn)　　C 商店 (shāngdiàn)

24. A 8：00　　B 9：00　　C 10：00

25. A 不 快 (bú kuài)　　B 太 慢 了 (tài màn le)　　C 听 不 懂 (tīng bù dǒng)

26. A 很 热 (hěn rè)　　B 下 雨 (xià yǔ)　　C 下 雪 (xià xuě)

27. A 学 汉语 (xué Hànyǔ)　　B 学 唱歌 (xué chànggē)　　C 学 跳舞 (xué tiàowǔ)

28. A 儿子 考 得 好 (érzi kǎo de hǎo)　　B 她 考了 第一 (tā kǎole dì-yī)　　C 今天 她 生日 (jīntiān tā shēngrì)

29. A 医生 (yīshēng)　　B 老师 (lǎoshī)　　C 服务员 (fúwùyuán)

30. A 多 吃 点儿 (duō chī diǎnr)　　B 多 买 点儿 (duō mǎi diǎnr)　　C 多 穿 点儿 (duō chuān diǎnr)

第4回

第 31-35 题

例如： 女：Qǐng zài zhèr xiě nín de míngzi.
请 在 这儿 写 您 的 名字。

男：Shì zhèr ma?
是 这儿 吗 ？

女：Bú shì, shì zhèr.
不 是，是 这儿。

男：Hǎo, xièxie.
好，谢谢。

问：Nán de yào xiě shénme?
男 的 要 写 什么 ？

A míngzi 名字 ✓   B shíjiān 时间   C wèntí 问题

31. A kāfēi 咖啡   B nǎichá 奶茶   C niúnǎi 牛奶

32. A hěn bái 很 白   B hěn gāo 很 高   C hěn piàoliang 很 漂亮

33. A mǎi yīfu 买 衣服   B mǎi diànnǎo 买 电脑   C kàn fángzi 看 房子

34. A nán de 男 的   B nǚ de 女 的   C Xiǎo Zhāng 小 张

35. A Lǐ Shí zài shàngxué 李 时 在 上学   B Lǐ Shí zuò bù hǎo 李 时 做 不 好   C Lǐ Shí gōngzuò duō 李 时 工作 多

第 1 部分

第 36-40 题

A

B

C

D

E

F

例如：Měi gè xīngqīliù, wǒ dōu qù dǎ lánqiú.
每 个 星期六，我 都 去 打 篮球。　　　　D

36.Zhè shì gěi nǐ de, xīwàng nǐ huì xǐhuan.
这 是 给 你 的，希望 你 会 喜欢。

37.Xiānsheng, xiǎojiě, nǐmen de kāfēi hǎo le.
先生、小姐，你们 的 咖啡 好 了。

38.Nín zěnme kàn zhège shìqing? Néng shuō yíxià ma?
您 怎么 看 这个 事情？ 能 说 一下 吗？

39.Yīshēng, wǒ xiǎng qǐng nǐ bāng wǒ kāi diǎnr yào.
医生，我 想 请 你 帮 我 开 点儿 药。

40.Qǐngwèn zhèxiē shuǐguǒ duōshao qián?
请问 这些 水果 多少 钱？

第 41-45 题

A 火车站 huǒchēzhàn　　B 送 sòng　　C 完 wán　　D 小时 xiǎoshí　　E 贵 guì　　F 晴 qíng

例如：　　Zhèr de yángròu hěn hǎochī, dànshì yě hěn
这儿 的 羊肉 很 好吃，但是 也 很（　E　）。

41.　Lèle jīntiān zhǔnbèi yùndòng liǎng gè
乐乐 今天 准备 运动 两 个（　　　）。

42.　Chī fàn gěi nǐ bà dǎ gè diànhuà, tā xiǎng nǐ le.
吃（　　　）饭 给 你 爸 打 个 电话，他 想 你 了。

43.　Zhè běn 《Bǎijiāxìng》 shì wǒ tóngxué wǒ de.
这 本 《百家姓》 是 我 同学（　　　）我 的。

44.　Zuótiān shì yīn tiān, jīntiān le.
昨天 是 阴 天，今天（　　　）了。

45. 女：Wèi, wǒmen xiǎng qù yóuyǒng, nǐ qù bu qù?
喂，我们 想 去 游泳，你 去 不 去？

男：Bú qù le, wǒ zài ne, zuò diǎn de chē qù Běijīng.
不 去 了，我 在（　　　）呢，坐 9 点 的 车 去 北京。

第 46-50 题

例如：
Xiànzài shì diǎn fēn, tāmen yǐjīng yóule fēnzhōng le.
现在 是 11 点 30 分，他们 已经 游了 20 分钟 了。

Tāmen diǎn fēn kāishǐ yóuyǒng.
★ 他们 11 点 10 分 开始 游泳。 (✓)

Wǒ huì tiàowǔ, dàn tiào de bú tài hǎo.
我 会 跳舞，但 跳 得 不 太 好。

Shuōhuàrén tiào de fēicháng hǎo.
★ 说话人 跳 得 非常 好。 (✕)

Dàjiā hǎo, wǒ lái jièshào yíxià, zhè shì wǒ de hǎo péngyou Wáng Yuǎn, tā xiànzài
46. 大家 好，我 来 介绍 一下，这 是 我 的 好 朋友 王 远，他 现在

zài Běijīng Dàxué dúshū.
在 北京 大学 读书。

Shuōhuàrén zài jièshào Běijīng Dàxué.
★ 说话人 在 介绍 北京 大学。 ( )

Wǒ hé qīzi shàng gè xīngqī qù Zhōngguó lǚyóu le, nàlǐ de dōngxi dōu bú guì,
47. 我 和 妻子 上 个 星期 去 中国 旅游 了，那里 的 东西 都 不 贵，

suǒyǐ jiù mǎile bù shǎo.
所以 就 买了 不 少。

Shuōhuàrén zài Zhōngguó méi mǎi dōngxi.
★ 说话人 在 中国 没 买 东西。 ( )

Wǒ xiǎo shíhou diànshì, shǒujī kàn de tài duō le, suǒyǐ xiànzài yǎnjing bú tài hǎo.
48. 我 小 时候 电视、手机 看 得 太 多 了，所以 现在 眼睛 不 太 好。

Shuōhuàrén xiǎo shíhou bù wánr shǒujī.
★ 说话人 小 时候 不 玩儿 手机。 ( )

49. Xiǎo Gāo, nǐ zuò de fàn zhēn hǎochī, wǒ yǐjīng hěn cháng shíjiān méi chīguò zhème
小 高，你 做 的 饭 真 好吃，我 已经 很 长 时间 没 吃过 这么

hǎochī de fàncài le.
好吃 的 饭菜 了。

★ Xiǎo Gāo hěn huì zuò fàn.
小 高 很 会 做 饭。 （　　　）

50. Zhè jiàn hóng de shì bu shì bǐ hēi de hǎo yìdiǎnr? Nǐ shuō wǒ mǎi hóng de
这 件 红 的 是 不 是 比 黑 的 好 一点儿 ？ 你 说 我 买 红 的

zěnmeyàng?
怎么样 ？

★ Shuōhuàrén xiǎng mǎi hóngsè de yīfu.
说话人 想 买 红色 的 衣服。 （　　　）

第4回

66

第 51-55 题

A　Nǐ xīngqīrì shénme shíhou qù jīchǎng?
　　你 星期日 什么 时候 去 机场？

B　Dànshì wǒ hěn xǐhuan tā.
　　但是 我 很 喜欢 它。

C　Zhège wèntí hěn hǎo, shéi lái gàosu tā?
　　这个 问题 很 好，谁 来 告诉 他？

D　Yīnwèi tā jiā de piào hěn piányi.
　　因为 他 家 的 票 很 便宜。

E　Tā zài nǎr ne? Nǐ kànjiàn tā le ma?
　　他 在 哪儿 呢？ 你 看见 他 了 吗？

F　Nǐ zuótiān zěnme méi lái shàngbān?
　　你 昨天 怎么 没 来 上班？

例如：　Tā hái zài jiàoshì li xuéxí.
　　　　他 还 在 教室 里 学习。　　　　　E

51.　Wèi shénme zhèyàng xiě shì cuò de?
　　　为 什么 这样 写 是 错 的？

52.　Wǒ shēngbìng le, qù yīyuàn le.
　　　我 生病 了，去 医院 了。

53.　Suīrán zhège bēizi mǎile hǎo jǐ nián le.
　　　虽然 这个 杯子 买了 好 几 年 了。

54.　Hěn duō rén ài lái zhèr kàn diànyǐng.
　　　很 多 人 爱 来 这儿 看 电影。

55.　7：00 ba, wǒ jiā lí nàlǐ bú tài yuǎn.
　　　7：00 吧，我 家 离 那里 不 太 远。

A
Nà wǒmen jìnqù ba, lǎoshī kuài lái le.
那 我们 进去 吧，老师 快 来 了。

B
Bù le, wǒ yào hé péngyou qù tī zúqiú.
不 了，我 要 和 朋友 去 踢 足球。

C
Tā pángbiān de shì wǒ bàba.
他 旁边 的 是 我 爸爸。

D
Nǐ gōngzuò tài máng le, yào duō xiūxi xiūxi.
你 工作 太 忙 了，要 多 休息 休息。

E
Māma zài shuìjiào, tā tài lèi le.
妈妈 在 睡觉，她 太 累 了。

Nǐmen bié shuōhuà le.
56. 你们 别 说话 了。☐

Cóng qùnián kāishǐ, wǒ de shēntǐ jiù bú tài hǎo le.
57. 从 去年 开始，我 的 身体 就 不 太 好 了。☐

Wǎnshang qù bu qù chànggē?
58. 晚上 去 不 去 唱歌？☐

Wǒmen   shàngkè, xiànzài yǐjīng   le.
59. 我们 8：00 上课，现在 已经 7：50 了。☐

Zuì zuǒbian de nàge rén shì wǒ dìdi.
60. 最 左边 的 那个 人 是 我 弟弟。☐

2級第5回

※テスト全体を通したテスト本番バージョンもダウンロード
　していただけます。
　（21K2Q-test5）

第 1-10 题

例如：
 ✓

 ✗

1.

2.

3.

4.

5.

6.

7.

8.

9.

10.

第 11-15 题

A 　　　B

C 　　　D

E 　　　F

例如：　男：_{Nǐ} 你 _{xǐhuan} 喜欢 _{shénme} 什么 _{yùndòng?} 运动？

　　　　女：_{Wǒ} 我 _{zuì} 最 _{xǐhuan} 喜欢 _{tī} 踢 _{zúqiú.} 足球。　　　　D

11.　　　　　　　　　　　　　　　　　　□

12.　　　　　　　　　　　　　　　　　　□

13.　　　　　　　　　　　　　　　　　　□

14.　　　　　　　　　　　　　　　　　　□

15.　　　　　　　　　　　　　　　　　　□

第5回

A

B

C

D

E

16.

17.

18.

19.

20.

第 21-30 题

例如：　男：Xiǎo Wáng, zhèlǐ yǒu jǐ gè bēizi, nǎge shì nǐ de?
小 王，这里 有 几 个 杯子，哪个 是 你 的 ？

女：Zuǒbian nàge hóngsè de shì wǒ de.
左边 那个 红色 的 是 我 的。

问：Xiǎo Wáng de bēizi shì shénme yánsè de?
小 王 的 杯子 是 什么 颜色 的 ？

A hóngsè 红色 ✓　　B hēisè 黑色　　C báisè 白色

21. A māma jiā 妈妈 家　　B jiějie jiā 姐姐 家　　C péngyou jiā 朋友 家

22. A zài fàndiàn chī 在 饭店 吃　　B bù mǎi yángròu 不 买 羊肉　　C cài mǎi duō le 菜 买 多 了

23. A zǒu lù 走 路　　B kāi chē 开 车　　C zuò chūzūchē 坐 出租车

24. A dǎ qiú 打 球　　B shàngkè 上课　　C mǎi diànnǎo 买 电脑

25. A shēngbìng le 生病 了　　B tài máng le 太 忙 了　　C qù lǚyóu le 去 旅游 了

26. A xué Hànyǔ 学 汉语　　B zhǎo gōngzuò 找 工作　　C xué tiàowǔ 学 跳舞

27. A shū 书　　B bēizi 杯子　　C diànyǐngpiào 电影票

28. A xuéguo yóuyǒng 学过 游泳　　B méi qù kǎoshì 没 去 考试　　C bú ài yùndòng 不 爱 运动

29. A Lǐ yīshēng 李 医生　　B Wáng lǎoshī 王 老师　　C Lǐ xiǎojiě 李 小姐

30. A fàndiàn 饭店　　B jīchǎng 机场　　C shāngdiàn 商店

第 31-35 题

例如：
女：Qǐng zài zhèr xiě nín de míngzi.
请 在 这儿 写 您 的 名字。

男：Shì zhèr ma?
是 这儿 吗？

女：Bú shì, shì zhèr.
不 是，是 这儿。

男：Hǎo, xièxie.
好，谢谢。

问：Nán de yào xiě shénme?
男 的 要 写 什么？

A 名字 míngzi ✓　　　　B 时间 shíjiān　　　　C 问题 wèntí

31. A 回电话 huí diànhuà　　B 早起跑步 zǎo qǐ pǎobù　　C 回家吃饭 huí jiā chīfàn

32. A 晴天 qíng tiān　　B 阴天 yīn tiān　　C 下雨了 xià yǔ le

33. A 看书 kàn shū　　B 看电视 kàn diànshì　　C 写一小时字 xiě yì xiǎoshí zì

34. A 太贵了 tài guì le　　B 不好洗 bù hǎo xǐ　　C 白衣服多 bái yīfu duō

35. A 公司 gōngsī　　B 宾馆 bīnguǎn　　C 教室 jiàoshì

第 1 部分

第 36-40 题

A 　　　　B

C 　　　　D

E 　　　　F

例如：
Měi gè xīngqīliù,　wǒ dōu qù dǎ lánqiú.
每 个 星期六，我 都 去 打 篮球。　　D

36.
Fángjiān li tài rè le, mén jiù kāizhe ba.
房间 里 太 热 了，门 就 开着 吧。　　☐

37.
Yīshēng shuō wǒ míngtiān kěyǐ chūyuàn le.
医生 说 我 明天 可以 出院 了。　　☐

38.
Nǐ bāng wǒ kàn yíxià shǒubiǎo xiànzài shì jǐdiǎn?
你 帮 我 看 一下 手表 现在 是 几点 ？　　☐

39.
Zhè jiàn shìqing nǐ bú yào shuō chūqù.
这件 事情 你 不 要 说 出去。　　☐

40.
Zhège zhuōzi tài gāo le, zài shàngmiàn xiě zì hěn lèi.
这个 桌子 太 高 了，在 上面 写 字 很 累。　　☐

第 2 部分

第 41-45 题

A 对 (duì)　　B 后面 (hòumiàn)　　C 房间 (fángjiān)　　D 笑 (xiào)　　E 贵 (guì)　　F 第一 (dì-yī)

例如：这儿 的 羊肉 很 好吃，但是 也 很 （ E ）。
(Zhèr de yángròu hěn hǎochī, dànshì yě hěn)

41. 别 往 （　　） 走 了，我们 就 坐 这儿 吧。
(Bié wǎng zǒu le, wǒmen jiù zuò zhèr ba.)

42. 你 说 得 太 （　　） 了，我 怎么 没 想到 呢？
(Nǐ shuō de tài le, wǒ zěnme méi xiǎngdào ne?)

43. 他 是 我 来 中国 后 认识 的 （　　） 个 朋友。
(Tā shì wǒ lái Zhōngguó hòu rènshi de gè péngyou.)

44. 你们 说 什么 呢？ （　　） 得 这么 高兴。
(Nǐmen shuō shénme ne? de zhème gāoxìng.)

45. 女：您 想 要 什么 样 的 （　　） ？
(Nín xiǎng yào shénme yàng de)

　　男：大床房。
(Dàchuángfáng.)

76

第 **3** 部分

第 46-50 题

例如：
Xiànzài shì diǎn fēn, tāmen yǐjīng yóule fēnzhōng le.
现在 是 11 点 30 分，他们 已经 游了 20 分钟 了。

Tāmen diǎn fēn kāishǐ yóuyǒng.
★ 他们 11 点 10 分 开始 游泳。 （ ✓ ）

Wǒ huì tiàowǔ, dàn tiào de bú tài hǎo.
我 会 跳舞，但 跳 得 不 太 好。

Shuōhuàrén tiào de fēicháng hǎo.
★ 说话人 跳 得 非常 好。 （ × ）

46.
Lái Běijīng qián, wǒ hěn shǎo chī miàntiáor, xiànzài wǒ mànman xǐhuan shàng le miàntiáor,
来 北京 前，我 很 少 吃 面条儿，现在 我 慢慢 喜欢 上 了 面条儿，

yí gè xīngqī zuì shǎo yào chī yí cì.
一 个 星期 最 少 要 吃 一 次。

Shuōhuàrén xiànzài xǐhuan chī miàntiáor.
★ 说话人 现在 喜欢 吃 面条儿。 （ ）

47.
Gōngsī pángbiān xīn kāile yì jiā nǎichádiàn, měi tiān rén dōu hěn duō, kāile yí gè
公司 旁边 新 开了 一 家 奶茶店，每 天 人 都 很 多，开了 一 个

yuè le, wǒ hái méiyǒu hēguò nàr de nǎichá.
月 了，我 还 没有 喝过 那儿 的 奶茶。

Nàge yǐjīng kāile yì nián le.
★ 那个 已经 开了 一 年 了。 （ ）

48.
Wǒ de míngzi hěn yǒu yìsi, yīnwèi wǒ bàba xìng Wáng, māma xìng Zuǒ, suǒyǐ wǒ
我 的 名字 很 有 意思，因为 我 爸爸 姓 王，妈妈 姓 左，所以 我

jiào Wáng Zuǒ.
叫 王 左。

Shuōhuàrén hé māma yí gè xìng.
★ 说话人 和 妈妈 一 个 姓。 （ ）

49. Cóng zhèr dào jīchǎng yào yí gè xiǎoshí, suǒyǐ wǒmen míngtiān yào zǎo diǎnr qǐchuáng.
   从 这儿 到 机场 要 一 个 小时，所以 我们 明天 要 早 点儿 起床。

   ★ Tāmen míngtiān yào qù jīchǎng.
     他们 明天 要 去 机场。   （   ）

50. Zhè shì nǐ mèimei ba, yí kàn jiù zhīdào nǐmen shì yì jiā rén, yǎnjing dōu dàda
   这 是 你 妹妹 吧，一 看 就 知道 你们 是 一 家 人，眼睛 都 大大
   de.
   的。

   ★ Mèimei de yǎnjing hěn xiǎo.
     妹妹 的 眼睛 很 小。   （   ）

第 51-55 题

A　Shì xīn lái de Hànyǔ lǎoshī.
　　是 新 来 的 汉语 老师。

B　Tā shuō yùndòng ràng rén kuàilè.
　　他 说 运动 让 人 快乐。

C　Bù, xiànzài shǒujī shang jiù néng mǎi.
　　不，现在 手机 上 就 能 买。

D　Yīnwèi wǒ zhàngfu hěn ài hē, tīng de duō le jiù zhīdào yìxiē.
　　因为 我 丈夫 很 爱 喝，听 得 多 了 就 知道 一些。

E　Tā zài nǎr ne? Nǐ kànjiàn tā le ma?
　　他 在 哪儿 呢？ 你 看见 他 了 吗？

F　Qǐng děng yíxià, Lǐ xiǎojiě fēnzhōng hòu dào.
　　请 等 一下，李 小姐 5 分钟 后 到。

例如：　Tā hái zài jiàoshì li xuéxí.
　　　　他 还 在 教室 里 学习。　　　　　　　　　　E

51. Rén dōu dào le ma? Kěyǐ kāishǐ le ba?
　　人 都 到 了 吗？ 可以 开始 了 吧？　　　　□

52. Shuōhuà de nàge rén shì shéi?
　　说话 的 那个 人 是 谁？　　　　　　　　　□

53. Nǐ zhǔnbèi qù nǎr mǎi piào? Huǒchēzhàn ma?
　　你 准备 去 哪儿 买 票？ 火车站 吗？　　　□

54. Nǐ zěnme huì zhème dǒng kāfēi?
　　你 怎么 会 这么 懂 咖啡？　　　　　　　　□

55. Tā měi tiān zǎoshang dōu qù pǎobù.
　　他 每 天 早上 都 去 跑步。　　　　　　　□

第 56-60 题

A 来 我们 公司 怎么样？
Lái wǒmen gōngsī zěnmeyàng?

B 我 家 有 两 只，你 可以 来 我 家 和 它们 玩儿。
Wǒ jiā yǒu liǎng zhī, nǐ kěyǐ lái wǒ jiā hé tāmen wánr.

C 东西 不错，就 是 有点儿 贵。
Dōngxi búcuò, jiù shì yǒudiǎnr guì.

D 没 关系，我 就 是 想 问问 你 到 家 了 没有。
Méi guānxi, wǒ jiù shì xiǎng wènwen nǐ dào jiā le méiyǒu.

E 小 孩子 都 这样，每 天 有 很 多 个 "为 什么"。
Xiǎo háizi dōu zhèyàng, měi tiān yǒu hěn duō gè "wèi shénme".

56. 我 妻子 不 喜欢 狗，所以 我 家 没有 狗。
Wǒ qīzi bù xǐhuan gǒu, suǒyǐ wǒ jiā méiyǒu gǒu. ☐

57. 前面 那 家 商店 你 进去过 吗？ 怎么样？
Qiánmiàn nà jiā shāngdiàn nǐ jìnquguo ma? Zěnmeyàng? ☐

58. 我 儿子 每 天 都 要 问 我 很 多 问题。
Wǒ érzi měi tiān dōu yào wèn wǒ hěn duō wèntí. ☐

59. 我 现在 的 工作 太 累，想 找 个 新 工作。
Wǒ xiànzài de gōngzuò tài lèi, xiǎng zhǎo gè xīn gōngzuò. ☐

60. 对不起，昨晚 睡 得 早，没 听到 你 的 电话。
Duìbuqǐ, zuówǎn shuì de zǎo, méi tīngdào nǐ de diànhuà. ☐

2級 第1回
解答・解説

聴 力 試 験・・・P.82 ～ P.97
読 解 試 験・・・P.98 ～ P.106
例題の解答は P13 ～ P17 で紹介しています。

正解一覧

1. 听力

第1部分	1. ×	2. ×	3. ×	4. ✓	5. ✓
	6. ×	7. ✓	8. ×	9. ✓	10. ✓
第2部分	11. E	12. F	13. B	14. C	15. A
	16. B	17. E	18. C	19. D	20. A
第3部分	21. B	22. A	23. A	24. B	25. A
	26. A	27. C	28. C	29. B	30. B
第4部分	31. B	32. B	33. C	34. A	35. C

2. 阅读

第1部分	36. A	37. F	38. C	39. E	40. B
第2部分	41. C	42. D	43. A	44. B	45. F
第3部分	46. ×	47. ✓	48. ×	49. ✓	50. ✓
第4部分	51. D	52. B	53. F	54. C	55. A
	56. C	57. B	58. E	59. A	60. D

第1回

1 听 力

第1部分	問題 p.22	21K2Q1-1

1 正解 ✕

> **スクリプト**
>
> Tā mǎi de xīguā bú tài dà.
> 她 买 的 西瓜 不 太 大。
>
> **スクリプト和訳**
>
> 彼女が買ったスイカはそれほど大きくありません。

2 正解 ✕

> **スクリプト**
>
> Xiǎo Xuě zhèng zài kàn diànyǐng ne.
> 小 雪 正 在 看 电影 呢。
>
> **スクリプト和訳**
>
> 雪さんは今映画を観ているところです。

3 正解 ✕

> **スクリプト**
>
> Tā zěnme le?　　Kànzhe yǒudiǎnr lèi.
> 他 怎么 了？　 看着 有点儿 累。
>
> **スクリプト和訳**
>
> 彼はどうかしましたか？　 見たところ少し疲れているようです。

4 正解 ✓

Zhège nánrén shì shéi?　　Nǐ rènshi tā ma?
这个 男人 是 谁 ？　你 认识 他 吗 ？

この男性は誰ですか？　あなたは彼と面識がありますか？

5 正解 ✓

Māma měitiān dōu hěn zǎo qǐchuáng.
妈妈 每天 都 很 早 起床 。

母は毎日、早く起きます。

6 正解 ✗

Nǐ tīng gē ma?　　Zhège hěn hǎotīng!
你 听 歌 吗 ？　这个 很 好听 ！

あなたは歌を聴きますか？　これは良いですよ！

7 正解 ✓

Tā xǐhuan hé xiǎo gǒu yìqǐ pǎobù.
她 喜欢 和 小 狗 一起 跑步。

彼女は子犬と一緒にジョギングするのが好きです。

8 正解 ✕

Jīntiān jīchǎng lǐ yǒu hěn duō rén.
今天 机场 里 有 很 多 人。

今日は空港にたくさん人がいます。

9 正解 ✓

Nǐ de kāfēi zài zhuōzi shàng, kuài hē ba.
你 的 咖啡 在 桌子 上，快 喝 吧。

あなたのコーヒーはテーブルの上です。早く飲んでくださいね。

10 正解 ✓

Zhège háizi ài wánr zhǐfēijī.
这个 孩子 爱 玩儿 纸飞机。

この子は紙飛行機で遊ぶのが好きです。

第
1
回

11　正解 **E**

スクリプト

Nǐ xiǎng chī diǎnr shénme?
女：你 想 吃点儿 什么？

Yángròu zěnmeyàng?　Tīngshuō zhè jiā fàndiàn de yángròu hěn hǎochī.
男：羊肉 怎么样？　听说 这 家 饭店 的 羊肉 很 好吃。

スクリプト和訳

女：あなたは何を食べたいですか？

男：羊肉はどうですか？　このお店の羊肉はおいしいらしいです。

12　正解 **F**

スクリプト

Wǒmen yào zuò jǐ lù gōnggòng qìchē?
男：我们 要 坐 几 路 公共 汽车？

Sānlù. Kàn, tā lái le.
女：三路。看，它 来 了。

スクリプト和訳

男：私たちは何番のバスに乗るのですか？

女：3番のバスです。ほら、来ましたよ。

13　正解 **B**

スクリプト

Zhè jiā diàn de yīfu guìbúguì?
女：这 家 店 的 衣服 贵不贵？

Hěn guì, yí jiàn dōu yào jǐ qiān kuài!
男：很 贵，一 件 都 要 几 千 块！

スクリプト和訳

女：このお店の服は高いですか？

男：高いです。どれも1着、数千元はします！

14 正解 C

スクリプト

男：你 看见 我 的 铅笔 了 吗？
Nǐ kànjiàn wǒ de qiānbǐ le ma?

女：是 这个 吗？
Shì zhège ma?

スクリプト和訳

男：あなたは私の鉛筆を見かけましたか？
女：これですか？

15 正解 A

スクリプト

女：这 只 小 猫 是 新 来 的，要 好好 给 它 洗一洗。
Zhè zhī xiǎo māo shì xīn lái de, yào hǎohao gěi tā xǐyìxǐ.

男：是 的，我 来 帮 你 吧。
Shì de, wǒ lái bāng nǐ ba.

スクリプト和訳

女：この子猫は来たばかりなので、よく洗ってあげないといけません。
男：分かりました。私が手伝いましょう。

16 正解 B

スクリプト

男：你 是不是 病 了？ 要不要 去 看 医生？
Nǐ shìbúshì bìng le? Yàobúyào qù kàn yīshēng?

女：我 昨天 已经 去 看过 了。
Wǒ zuótiān yǐjīng qù kànguò le.

スクリプト和訳

男：あなたは病気になったのではありませんか？ 医者に診てもらいに行きますか？
女：私は昨日もう診てもらいに行きました。

17　正解 E

> スクリプト

女：<ruby>爸<rt>Bà</rt></ruby>，<ruby>想<rt>xiǎng</rt></ruby> <ruby>再<rt>zài</rt></ruby> <ruby>来<rt>lái</rt></ruby> <ruby>一<rt>yì</rt></ruby> <ruby>杯<rt>bēi</rt></ruby> <ruby>茶<rt>chá</rt></ruby> <ruby>吗<rt>ma</rt></ruby>？

男：<ruby>好<rt>Hǎo</rt></ruby> <ruby>的<rt>de</rt></ruby>，<ruby>再<rt>zài</rt></ruby> <ruby>给<rt>gěi</rt></ruby> <ruby>我<rt>wǒ</rt></ruby> <ruby>来<rt>lái</rt></ruby> <ruby>一<rt>yì</rt></ruby> <ruby>杯<rt>bēi</rt></ruby>。

> スクリプト和訳

女：お父さん、もう1杯お茶をどう？

男：うん。もう1杯ちょうだい。

18　正解 C

> スクリプト

男：<ruby>妈妈<rt>Māma</rt></ruby>，<ruby>你<rt>nǐ</rt></ruby> <ruby>看<rt>kàn</rt></ruby>，<ruby>今天<rt>jīntiān</rt></ruby> <ruby>的<rt>de</rt></ruby> <ruby>题<rt>tí</rt></ruby> <ruby>我<rt>wǒ</rt></ruby> <ruby>都<rt>dōu</rt></ruby> <ruby>做<rt>zuò</rt></ruby> <ruby>对<rt>duì</rt></ruby> <ruby>了<rt>le</rt></ruby>！

女：<ruby>是<rt>Shì</rt></ruby> <ruby>吗<rt>ma</rt></ruby>？　<ruby>真<rt>Zhēn</rt></ruby> <ruby>不错<rt>búcuò</rt></ruby>！

> スクリプト和訳

男：お母さん、見て。今日の問題、僕は全部正解だったんだ！

女：そうなの？　本当にすごいわ！

19　正解 D

> スクリプト

女：<ruby>你<rt>Nǐ</rt></ruby> <ruby>在<rt>zài</rt></ruby> <ruby>哪儿<rt>nǎr</rt></ruby> <ruby>买<rt>mǎi</rt></ruby> <ruby>的<rt>de</rt></ruby> <ruby>手机<rt>shǒujī</rt></ruby>？

男：<ruby>上<rt>Shàng</rt></ruby> <ruby>个<rt>ge</rt></ruby> <ruby>月<rt>yuè</rt></ruby> <ruby>在<rt>zài</rt></ruby> <ruby>中国<rt>Zhōngguó</rt></ruby> <ruby>买<rt>mǎi</rt></ruby> <ruby>的<rt>de</rt></ruby>。

> スクリプト和訳

女：あなたはどこで携帯電話を買ったのですか？

男：先月、中国で買ったのです。

20 正解 **A**

スクリプト

Zhège fángjiān shì shéi de?　　Zhēn piàoliang!
男：这个 房间 是 谁 的？　真　漂亮！

Wǒ nǚér de,　nǐ kěyǐ　jìnlái kànkan.
女：我 女儿 的, 你 可以　进来 看看。

スクリプト和訳

男：この部屋は誰のですか？　本当にきれいですね！
女：娘のです。中に入ってご覧になっていいですよ。

21 正解 **B**

> スクリプト
>
> 　　　　Tīngshuō nǐ kāi le yì jiā diàn, shì mài shénme de?
> 女：听说 你 开 了 一 家 店，是 卖 什么 的？
> 　　Diànnǎo.
> 男：电脑。
> 　　　Nán de diàn lǐ mài shénme?
> 问：男 的 店 里 卖 什么？
>
> スクリプト和訳
>
> 　女：あなたはお店を開いたそうですが、何を売っているのですか？
> 　男：パソコンです。
> 問題：男性の店は何を売っていますか？

選択肢和訳

A　電話　　B　パソコン　　C　テレビ

22 正解 **A**

> スクリプト
>
> 　　　Nǐ yǒu yí kuài qián ma?　　Wǒ xiǎng mǎi diǎnr shuǐ.
> 男：你 有 一 块 钱 吗？ 我 想 买 点儿 水。
> 　　Méiyǒu, wǒ zhèlǐ dōu shì yìbǎi kuài de.
> 女：没有，我 这里 都 是 一百 块 的。
> 　　　Nán de xiǎng yào duōshao qián?
> 问：男 的 想 要 多少 钱？
>
> スクリプト和訳
>
> 　男：あなたは1元持っていますか？　私はお水を買いたいです。
> 　女：ありません。私の所にあるのはぜんぶ100元札です。
> 問題：男性はいくら欲しいと思っていますか？

選択肢和訳

A　1元　　B　100元　　C　1,000元

23 正解 **A**

スクリプト

女：你 别 走 太 快, 女儿 还 在 后面 呢。
Nǐ bié zǒu tài kuài, nǚér hái zài hòumiàn ne.

男：好 的, 我们 等 她 几 分钟。
Hǎo de, wǒmen děng tā jǐ fēnzhōng.

问：他们 在 等 谁？
Tāmen zài děng shéi?

スクリプト和訳

女：あなたは早く歩きすぎないでください。娘はまだ後ろにいますよ。

男：分かりました。私たちは彼女を数分待ちましょう。

問題：彼らは誰を待っていますか？

選択肢和訳

A 娘　　B 息子　　C 友達

24 正解 **B**

スクリプト

男：我 下午 要 去 踢 足球, 你 想不想 去 看看？
Wǒ xiàwǔ yào qù tī zúqiú, nǐ xiǎngbùxiǎng qù kànkan?

女：不 去 了, 我 要 去 医院 看 一 个 朋友。
Bú qù le, wǒ yào qù yīyuàn kàn yí gè péngyou.

问：女 的 想 什么 时候 去 看 朋友？
Nǚ de xiǎng shénme shíhou qù kàn péngyou?

スクリプト和訳

男：私は午後サッカーをしに行くつもりですが、あなたは見に行きたいですか？

女：行かないことにします。私は友人のお見舞いで病院に行くつもりです。

問題：女性はいつ友人のお見舞いに行きたいと思っていますか？

選択肢和訳

A 午前　　B 午後　　C 夜

25 正解 A

スクリプト

女：这 本 汉语 书 是 你 的 吗？
Zhè běn Hànyǔ shū shì nǐ de ma?

男：不 是，这 是 小 红 的，我 的 在 我 这里。
Bú shì, zhè shì Xiǎo Hóng de, wǒ de zài wǒ zhèlǐ.

问：他们 在 说 什么？
Tāmen zài shuō shénme?

スクリプト和訳

女：この中国語の本はあなたのですか？

男：いいえ。これは紅さんのです。私のはここ（私のところ）にあります。

問題：彼らは何について話していますか？

選択肢和訳

A 本　　B テーブル　　C 椅子

26 正解 A

スクリプト

男：你 和 谁 打 电话 呢？
Nǐ hé shéi dǎ diànhuà ne?

女：我 妹妹，她 说 今天 不 来 了。
Wǒ mèimei, tā shuō jīntiān bù lái le.

问：女 的 在 和 谁 打 电话？
Nǚ de zài hé shéi dǎ diànhuà?

スクリプト和訳

男：あなたは誰と電話しているのですか？

女：私の妹です。彼女は今日は来られなくなったと言っています。

問題：女性は誰と電話をしていますか？

選択肢和訳

A 妹　　B 姉　　C 母

27 正解 C

スクリプト

女：你 星期一 为 什么 没 来 公司 ？
Nǐ xīngqīyī wèi shénme méi lái gōngsī?

男：对不起, 星期一 我 家 里 有点儿 事。
Duìbuqǐ, xīngqīyī wǒ jiā lǐ yǒudiǎnr shì.

问：男 的 为 什么 没 来 公司 ？
Nán de wèi shénme méi lái gōngsī?

スクリプト和訳

女：あなたは月曜日なぜ会社に来なかったのですか？
男：すみません。月曜日は家でちょっと用事があったのです。
問題：男性はなぜ会社へ来なかったのですか？

選択肢和訳

A　来たくなかった　　B　病気になった　　C　家で用事があった

28 正解 C

スクリプト

男：你 明天 去 哪儿 旅游 ？
Nǐ míngtiān qù nǎr lǚyóu?

女：我 去 北京, 早上 十 点 的 飞机。
Wǒ qù Běijīng, zǎoshàng shí diǎn de fēijī.

问：女 的 明天 做 什么 ？
Nǚ de míngtiān zuò shénme?

スクリプト和訳

男：あなたは明日どこに旅行しますか？
女：北京へ行きます。朝の10時の飛行機です。
問題：女性は明日、何をしますか？

選択肢和訳

A　服を買う　　B　映画を観る　　C　旅行に行く

29 正解 B

スクリプト

女：大明，听说 你 很 会 唱歌。
Dàmíng, tīngshuō nǐ hěn huì chànggē.

男：我 不 太 会，我 哥哥 唱 得 好。
Wǒ bú tài huì, wǒ gēge chàng de hǎo.

问：谁 会 唱歌 ?
Shéi huì chànggē?

スクリプト和訳

女：大明さん、あなたは歌が上手だそうですね。
男：それほど上手ではありませんが、私の兄は上手です。
問題：歌が上手なのは誰ですか？

選択肢和訳

A 大明　　B **大明の兄**　　C 大明の父

30 正解 B

スクリプト

男：服务员，我们 这儿 还 少 一 个 米饭。
Fúwùyuán, wǒmen zhèr hái shǎo yí gè mǐfàn.

女：不好意思，这 就 来。
Bùhǎoyìsi, zhè jiù lái.

问：他们 最 可能 在 哪儿 ?
Tāmen zuì kěnéng zài nǎr?

スクリプト和訳

男：（店員に）すみません、私たちのところには（ここには）お米のご飯が1つ足りません。
女：申し訳ありません。すぐお持ちします。
問題：彼らはどこにいる可能性が最も高いですか？

選択肢和訳

A 教室　　B **レストラン**　　C 同級生の家

第4部分 | 問題 p.26

31 正解 **B**

スクリプト

Shàngwǔ de kǎoshì zěnmeyàng?
男：上午 的 考试 怎么样？

Bú tài hǎo, yǒu jǐ gè tí wǒ bú huì zuò.
女：不 太 好, 有 几 个 题 我 不 会 做。

Wǒ yě shì. Xiàwǔ nǐ xiǎng yìqǐ qù kàn shū ma?
男：我 也 是。下午 你 想 一起 去 看 书 吗？

Bú qù le, wǒ xiǎng shuì yí jiào, xiūxi xiūxi.
女：不 去 了, 我 想 睡 一 觉, 休息 休息。

Nǚ de xiàwǔ xiǎng zuò shénme?
问：女 的 下午 想 做 什么？

スクリプト和訳

男：午前中の試験はどうでしたか？

女：あまりよくないです。私は何題か解けませんでした。

男：私もです。午後、一緒に本を読みに行きたいですか？

女：行かないことにします。私はちょっと寝て、休みたいです。

問題：女性は午後、何をしたいと思っていますか？

選択肢和訳 A 勉強する B 休む C 試験を受ける

32 正解 B

Wǒ xiǎng mǎi jiàn yǔyī.
女：我 想 买 件 雨衣。

Nǐ bú shì yǒu yí jiàn ma?
男：你 不 是 有 一 件 吗 ？

Duì, dànshì nà jiàn shì qiánnián mǎi de, xiànzài chuān tài xiǎo le.
女：对，但是 那 件 是 前年 买 的，现在 穿 太 小 了。

Nà wǒmen jìnqù kànkan.
男：那 我们 进去 看看。

Nǚ de juéde qiánnián mǎi de yǔyī zěnme le?
问：女 的 觉得 前年 买 的 雨衣 怎么 了 ？

スクリプト和訳

女：私はレインコートを買いたいです。

男：あなたは1着持っていませんでしたか？

女：持っています。でもあれは一昨年買ったものだから、今着ると小さすぎます。

男：じゃあ私たちは中に入って見てみましょう。

問題：女性は一昨年買ったレインコートをどう思っていますか？

選択肢和訳 A まあまあ良い　　B 小さすぎる　　C 色が良くない

33 正解 C

Nǐ rènshi zhèr de yīshēng ma?
男：你 认识 这儿 的 医生 吗 ？

Wǒ zài zhèr zhùguò yuàn, suǒyǐ rènshi jǐ gè.
女：我 在 这儿 住过 院，所以 认识 几 个。

Nǐ zhīdào nǎge yīshēng hǎo ma?
男：你 知道 哪个 医生 好 吗 ？

Gāo yīshēng rén búcuò.
女：高 医生 人 不错。

Tāmen zuì kěnéng zài nǎr?
问：他们 最 可能 在 哪儿 ？

スクリプト和訳

男：あなたはこちらの医師と面識はありますか？

女：私はここに入院したことがありますので、何人かは面識があります。

男：あなたはどの医師が良いかご存じですか？

女：高先生は人柄がなかなか良いです。

問題：彼らはどこにいる可能性が最も高いですか？

選択肢和訳 A 学校　　B 店　　C 病院

34 正解 A

スクリプト

Nǐ yào chūqù?
女：你 要 出去？

Wǒ zhǔnbèi qù yóu gè yǒng, nǐ qù ma?
男：我 准备 去 游 个 泳，你 去 吗？

Wǒ bù xiǎng qù, zhè tiānqì xià shuǐ tài lěng le.
女：我 不 想 去，这 天气 下 水 太 冷 了。

Yóu jǐ fēnzhōng jiù bù lěng le.
男：游 几 分钟 就 不 冷 了。

Nǚ de wèi shénme bù xiǎng qù yóuyǒng?
问：女 的 为 什么 不 想 去 游泳？

スクリプト和訳

女：あなたは出かけるのですか？

男：泳ぎに行くつもりですが、あなたは行きますか？

女：行きたくありません。この天気で水に入るのは寒すぎます。

男：何分か泳げばすぐに寒くなくなりますよ。

問題：女性はなぜ泳ぎに行きたくないのですか？

選択肢和訳

A　水が冷たすぎる　　B　彼女は疲れている　　C　時間がない

35 正解 C

Nǚér, nǐ shénme shíhou qù xuéxiào?
男：女儿，你 什么 时候 去 学校？

Xiànzài jiù qù.
女：现在 就 去。

Wǒ zǎoshàng yǒu shì, jīntiān ràng māma sòng nǐ ba.
男：我 早上 有 事，今天 让 妈妈 送 你 吧。

Hǎo, bàba zàijiàn!
女：好，爸爸 再见！

Nǚ de zěnme qù xuéxiào?
问：女 的 怎么 去 学校？

スクリプト和訳

男：（娘に）お前、いつ学校に行くんだ？

女：今すぐ行くわ。

男：私は朝、用事があるから、今日はお母さんに送らせるね。

女：分かったわ。お父さんまたね！

問題：女性はどうやって学校に行きますか？

選択肢和訳

A　歩く　　B　父が彼女（娘）を送る　　C　母が彼女（娘）を送る

2 閲 読

第1部分 | 問題 p.27

36 正解 A

問題文和訳

私は今日、着ている服が少なすぎるので（薄着なので）、手がとても冷たいです。

解説 「動詞／形容詞＋補語"得"」で、「〜している／〜な様子が…だ」の意味。"得"の後ろには、動作の様子を描写する表現が続く。後続の文"手非常冷"からも、寒そうにしているAを選択。

37 正解 F

問題文和訳

先生が言った話は私は聞いて理解できませんでした。

解説 後半の"我没听懂"は、前半の"老师说的话"がどうなのかを説明している。"懂"は動詞だが、動詞の後ろにつくと、その動詞の結果を導く補語となる。否定の"没"があるため「聞いても理解できない」の意味。Fを選択。

38 正解 C

問題文和訳

こんなに遅い時間になったのに、彼はどうしてまだ仕事をしているのですか？

解説 疑問詞"怎么"は「どうして、なぜ」の意味。"在工作"は「"(正)在"＋動詞＋"(呢)"」の形でその動作が進行していることを表す。副詞"还"があるので「まだ〜している」の意味。Cを選択。

39 正解 E

問題文和訳

ここのタクシーは本当に安いです。

解説 形容詞述語文である。主語は"这儿的出租车"、形容詞句は"真便宜"となる。"这儿"は話し手が近いと捉えている場所を指し、「ここ（そこ）」の意味。程度を表す副詞"真"は後ろに形容詞を伴い「本当に〜」と感情を込めて強調する時に用いる。名詞"出租车"からEを選択。

40 正解 B

問題文和訳

このミルクを私のためにちょっと温めてください。どうもありがとう。

解説 "请（你）帮我～" の形で「（私のために）～してください」の意味。ここでは "你" が省略されている。「動詞+"一下"」で「ちょっと～する」の意味。ここでは "热" が動詞として使われている。誰かに何かを頼んでいること、また名詞 "牛奶" からもBを選択。

選択肢和訳

A ～のそば　　B 麺　　　　　C ～回
D 出勤する　　E 高価だ　　　F 子供

41 正解 C

問題文和訳

私たちはバスケットボールをしに［初めて］ここに来ました。

解説 「"第"＋数詞＋"次"」は動詞の前に置くと「～回目に…する」という意味になる。動作の回数を表す量詞C "次"を選択。"来这里打篮球"は連動文「"来"＋場所＋動詞」の形で「場所に～をしに来る」となる。

42 正解 D

問題文和訳

あなたのご主人はいつ空港に［出勤した］のですか？

解説 "你丈夫"の後ろに"是"が省略されている。ここは"是～的"構文となり、～の部分はすでに実現したことについて時間や方法を強調する内容が入る。"什么时候"の後ろは連動文「"去"＋場所＋動詞」の形で「場所に～をしに行く」の意味。動詞が入ることからD "上班"を選択。

43 正解 A

問題文和訳

私たちが宿泊しているホテルの［そば］に小さなお店が1軒あります。

解説 "有"は存在を表す動詞で、"有"の主語は直前の（　　）まで。「名詞＋方位詞」で位置関係を表すことから、"宾馆"の後には方位を表す語がくるのでA "旁边"を選択。

44 正解 B

問題文和訳

私は朝、卵と［麺］を食べました。

解説 接続詞"和"は2つの名詞をつなぎ、"A和B"で「AとB」の意味。動詞は"吃"、Aは"鸡蛋"なので、Bにも食べ物が入る。よってB "面条儿"を選択。

45 正解 F

問題文和訳

女：娘は何を習ったらいいかなあ？

男：女の［子］だからダンスを習うのはどう？

解説 "女儿" は「娘」、"女孩子" は「女の子」の意味。1つの名詞と考えて F "孩子" を選択。なお "儿子" は「息子」、"男孩子" は「男の子」である。

第**3**部分　問題 p.29 〜 p.30

46 正解 ✗

（問題文和訳）

あなたたちは外で1日遊んでいたから、みんなご飯をちゃんと食べていません。私はあなたたちが好きなおかずを作りました。さあ、たくさん食べなさい。

★　彼らは1日中勉強していた。

（解説）冒頭で "玩儿一天了"「1日遊んでいた」と言っているのに対して、★の文では "学习了一天"「1日勉強していた」としているので合致しない。

47 正解 ✓

（問題文和訳）

雪が何時間も降っているので、道にはどんな車も（車が1台も）走っていません。私たちはどうやってお店に買い物に行けばいいのでしょう？

★　道には車がない。

（解説）"路上什么车都没有" と言っているので★の文と合致する。

48 正解 ✗

（問題文和訳）

今日はどうもありがとうございました。ここは私の家までそう遠くなくて、歩いて20分で着くので、ちょっと休んでいきませんか？

★　ここは話し手の家までそんなに近くない。

（解説）"离" は2点間の距離の隔たりを表す介詞である。"这儿离我家不太远" と言っているのに対し、★の文では "不太近" と言っているので合致しない。★の文の "说话人家" は「我家」のこと。

49 正解

問題文和訳

私の姉の家にはとても面白い黒い子犬が1匹います。私は毎日その子犬の面倒をみに行きます。子犬は私のことが大好きです。

★ 姉の家の犬は黒い。

解説 "黒色小狗" と言っているので★の文と合致する。

 50 正解

問題文和訳

私の弟は彼らの学校で背が最も高い生徒で、バスケットボールも上手です。

★ 弟は学校で背が最も高い（生徒）です。

解説 "我弟弟是他们学校最高的学生" と言っているので★の文と合致する。

第4部分 | 問題 p.31 〜 p.32

51 - 55

（選択肢和訳）

A　李さんはどうして私に折り返しの電話をくれないのですか？

B　こんにちは。映画のチケットはおいくらですか？

C　あなたは何を探しているのですか？

D　お母さん、私たちは何を食べる？

E　彼はどこにいますか？　あなたは彼を見かけましたか？

F　今日の天気はどうですか？

51　正解 D

（問題文和訳）

お昼は私が魚料理を作るのはどう？

> （解説）　"我做鱼"で「魚料理を作る」から、食べ物に関する話題であることが分かる。"吃什么?"「何を食べる？」と尋ねているDを選択。

52　正解 B

（問題文和訳）

お一人様50元、お二人様で85元です。

> （解説）　値段について答えているので、値段の尋ね方 "多少钱?" があるBを選択。

53　正解 F

（問題文和訳）

朝は曇りで、午後は晴れです。

> （解説）　朝と午後の天気について答えているので、天気の様子を尋ねているFを選択。

54 正解 C

問題文和訳

私の腕時計がどこにあるか探しています。

> **解説** "在哪儿"「どこにある」から、何かを探していることが分かる。「"在"+動詞+"呢"」の形で「今〜をしているところ」の意味のCを選択。

55 正解 A

問題文和訳

あなたは午後に電話したら？　彼女はたぶん今少し忙しいのでしょう。

> **解説** 話し手と聞き手は第三者（ここでは"小李"）のことを話題にしている。聞き手は話し手自身が"小李"に電話をすればよいとアドバイスし、"小李"が"可能有点儿忙"「少し忙しいのでしょう」と推し量っている。話し手が"怎么不回我电话？"と不満を述べているAを選択。

56 - 60

選択肢和訳

A　来週の火曜日はあなたの誕生日ですが、私はあなたに何をプレゼントしたらいいですか？
B　新聞の報道によると、新しい（列車の）駅は大きいそうです。
C　ここ数日いろいろな事があって、体調があまり良くありません。
D　私はもう家に着いたので、あなたはドアを開けに来てください。
E　そうですね。きれいです。

56 正解 C

問題文和訳

あなたは今日1日ずっと寝ていましたが、どうしたのですか？

> **解説** 前半で"一天都在睡觉"、次に原因や理由を尋ねる"怎么了？"があることから、聞き手に何かあったことが推測できる。「体調があまり良くない」と言っているCを選択。

57 正解 B

(問題文和訳)

そうなのですか？　数千人も入ることができるのですか？

解説　ここでの "能坐下" は「（空間があって）収容することができる」の意味。この場合の助動詞 "能" は「条件的に～をすることができる」となる。Bを選択。

58 正解 E

(問題文和訳)

この色はきれいでしょう？

解説　"吧" は相手に同意を求める助詞なので、同意しているかどうかを返事として伝えるのが適切。Eを選択。

59 正解 A

(問題文和訳)

去年のこの時期（今頃）もあなたはこの質問をしました。

解説　"这个问题" から、話し手は聞き手から何か質問をされていたことが分かる。疑問形になっているAを選択。

60 正解 D

(問題文和訳)

もしもし、あなたはどこに行ったのですか？　夕飯がもうすぐ出来上がります。

解説　"喂" は電話の「もしもし」の意味。"到哪儿了？" と相手に居場所を尋ねているので、Dを選択。

2級 第2回
解答・解説

正解一覧

1. 听力

第1部分	1. ×	2. ✓	3. ×	4. ×	5. ✓
	6. ×	7. ✓	8. ✓	9. ×	10. ✓
第2部分	11. B	12. C	13. A	14. F	15. E
	16. C	17. B	18. E	19. A	20. D
第3部分	21. C	22. C	23. C	24. A	25. B
	26. A	27. A	28. B	29. A	30. B
第4部分	31. B	32. C	33. B	34. A	35. C

2. 阅读

第1部分	36. E	37. C	38. A	39. F	40. B
第2部分	41. D	42. C	43. F	44. A	45. B
第3部分	46. ✓	47. ×	48. ×	49. ✓	50. ×
第4部分	51. F	52. A	53. D	54. C	55. B
	56. D	57. E	58. A	59. B	60. C

1 听 力

第1部分	問題 p.34

 21K2Q2-1

1 正解 ✗

スクリプト

Zhè wǔbǎi kuài qián shì nǐ de ma?
这 五百 块 钱 是 你 的 吗？

スクリプト和訳

この500元はあなたのですか？

2 正解 ✓

スクリプト

Tā xiàozhe shuō   xièxie nǐ!
她 笑着 说："谢谢 你！"

スクリプト和訳

彼女は笑いながら言いました。「ありがとう！」

3 正解 ✗

スクリプト

Xiǎo Bái de mèimei zhèng zài kàn shū ne!
小 白 的 妹妹 正 在 看 书 呢！

スクリプト和訳

白さんの妹は今本を読んでいるところよ！

4 正解 ✗

スクリプト

Yīshēng, nǐ kànkan tā yǎnjing zěnme le?
医生，你 看看 她 眼睛 怎么 了？

スクリプト和訳

（医師に）先生、ちょっと診てください。彼女の目はどうしたのですか？

5 正解 ✓

スクリプト

Wèi?　　Wǒmen zài jīchǎng, bú zài jiā.
喂？　　我们 在 机场，不 在 家。

スクリプト和訳

もしもし？　私たちは空港にいて、家にはいません。

6 正解 ✗

スクリプト

Jīntiān shì tāmen de shēngrì.
今天 是 他们 的 生日。

スクリプト和訳

今日は彼らの誕生日です。

7 正解 ✓

スクリプト

Zǎofàn wǒmen chī jīdàn, zhège shì nǐ de.
早饭 我们 吃 鸡蛋，这个 是 你 的。

スクリプト和訳

朝ご飯に私たちは卵を食べます。これはあなたのです。

8 正解 ✓

スクリプト

Wǒ mǎi le liǎng běn shū, nǐ yào nǎ běn?
我 买 了 两 本 书, 你 要 哪 本 ?

スクリプト和訳

私は本を2冊買いましたが、あなたはどちらが欲しいですか?

9 正解 ✗

スクリプト

Xiǎomíng zuò zài bàba de zuǒbiān.
小明 坐 在 爸爸 的 左边。

スクリプト和訳

明さんは父親の左側に座っています。

10 正解 ✓

スクリプト

Jiàoshì lǐ zěnme méiyǒu rén?
教室 里 怎么 没有 人 ?

スクリプト和訳

教室になぜ人がいないのですか?

11 正解 B

スクリプト

　　Lǎoshī, lǎoshī, wǒ zhīdào!
女：老师，老师，我 知道！

　　Hǎo de, nà nǐ lái shuōshuo.
男：好 的，那 你 来 说说 。

スクリプト和訳

女：（教師に）先生、先生、私は知っています！
男：そうか。じゃあ君が言ってみなさい。

12 正解 C

スクリプト

　　Kuài diǎnr qǐchuáng!　 Nǐ de péngyou lái zhǎo nǐ le.
男：快 点儿 起床 ！　 你 的 朋友 来 找 你 了。

　　Zhīdào le, zhè jiù qǐ.
女：知道 了，这 就 起。

スクリプト和訳

男：早く起きなさい！　お友達が迎えに来ているよ。
女：分かった。今、起きるわ。

13 正解 A

スクリプト

　　Nǐ de qiānbǐ hěn piàoliang, zài nǎr mǎi de?
女：你 的 铅笔 很 漂亮，在 哪儿 买 的 ？

　　Xuéxiào hòumiàn nà jiā diàn.
男：学校 后面 那 家 店。

スクリプト和訳

女：あなたの鉛筆はきれいですね。どこで買ったのですか？
男：学校の裏にあるあのお店です。

14 正解 F

スクリプト

男：Wǒ xiǎng kàn diànyǐng, nǐ shǒujī lǐ yǒu diànyǐng ma?
我 想 看 电影，你 手机 里 有 电影 吗？

女：Yǒu, nǐ xiǎng kàn nǎge?
有，你 想 看 哪个？

スクリプト和訳

男：私は映画を観たいのですが、あなたの携帯電話に映画はありますか（携帯電話で映画は観られますか）？

女：あります（観られます）。あなたはどれを観たいですか？

15 正解 E

スクリプト

女：Nǐhǎo! Zhè shì wǒ de piào.
你好！ 这 是 我 的 票。

男：Hǎo de, wǒ kàn yíxià.
好 的，我 看 一下。

スクリプト和訳

女：こんにちは！ これは私のチケットです。

男：分かりました。ちょっと見てみましょう。

16 正解 C

スクリプト

男：Māma, wǒ bù xiǎng hē niúnǎi.
妈妈，我 不 想 喝 牛奶。

女：Bù kěyǐ, hē le niúnǎi zài qù xuéxiào.
不 可以，喝 了 牛奶 再 去 学校。

スクリプト和訳

男：お母さん、僕は牛乳を飲みたくない。

女：だめよ。牛乳を飲んでから学校に行きなさい。

17 正解 B

スクリプト

Nǐ kànjiàn wǒ de shǒubiǎo le ma?
女：你 看见 我 的 手表 了 吗？

Nà běn shū shàng yǒu yí kuài shǒubiǎo, shì nǐ de ma?
男：那 本 书 上 有 一 块 手表，是 你 的 吗？

スクリプト和訳

女：私の腕時計を見かけましたか？

男：あの本の上に腕時計がありますが、あなたのですか？

18 正解 E

スクリプト

Tā jiù shì wǒmen bān xīn lái de tóngxué.
男：她 就 是 我们 班 新 来 的 同学。

Nǐhǎo, wǒ jiào Lǐ Xuě.
女：你好，我 叫 李 雪。

スクリプト和訳

男：彼女は私たちのクラスに新しく来た同級生です。

女：こんにちは。私は李雪と言います。

19 正解 A

スクリプト

Nǐ shénme shíhou xué de tiàowǔ?
女：你 什么 时候 学 的 跳舞？

Shàng ge yuè kāishǐ xué de.
男：上 个 月 开始 学 的。

スクリプト和訳

女：あなたはいつダンスを習ったのですか？

男：先月から習い始めました。

113

20 正解 **D**

　　　Nǐ lěng ma?　　　Gěi nǐ chuān wǒ de yīfu ba.
男：你 冷 吗？　给 你 穿 我 的 衣服 吧。
　　Xièxie nǐ!
女：谢谢 你！

スクリプト和訳

男：寒いですか？　私の服を着せてあげましょう。
女：ありがとう！

21 正解 C

スクリプト

Wǒ xiàwǔ xiǎng qù yóuyǒng, nǐ qù ma?
女：我 下午 想 去 游泳，你 去 吗？

Wǒ yǒudiǎnr lèi, xiǎng zài jiā shuìjiào.
男：我 有点儿 累，想 在 家 睡觉。

Nán de shì shénme yìsi?
问：男 的 是 什么 意思？

スクリプト和訳

女：私は午後、泳ぎに行きたいのですが、あなたは行きますか？

男：私は少し疲れているので、家で寝たいです。

問題：男性が言っているのはどういう意味ですか？

選択肢和訳

A　疲れていない　　B　勉強しなければならない　　C　泳ぎに行かない

22 正解 C

スクリプト

Nǐ mā mǎi le yángròu hé jīròu, nǐ wǎnshàng xiǎng chī shénme?
男：你 妈 买 了 羊肉 和 鸡肉，你 晚上 想 吃 什么？

Jīròu ba, hǎo cháng shíjiān méi chī le.
女：鸡肉 吧，好 长 时间 没 吃 了。

Nǚ de wèi shénme xiǎng chī jīròu?
问：女 的 为 什么 想 吃 鸡肉？

スクリプト和訳

男：あなたのお母さんは羊肉と鶏肉を買ったよ。あなたは夜、何を食べたい？

女：鶏肉ね。しばらく食べていないから。

問題：女性はどうして鶏肉を食べたいのですか？

選択肢和訳

A　大好物だから　　B　おいしいと思うから　　C　しばらく食べていないから

23 正解 C

Wǒ shì yì diǎn sì shí de huǒchē.
女：我 是 一 点 四 十 的 火车。

Wǒ yě shì, nà wǒmen yì diǎn qù chēzhàn zěnmeyàng?
男：我 也 是，那 我们 一 点 去 车站 怎么样 ？

Nán de shì jǐ diǎn de huǒchē?
问：男 的 是 几 点 的 火车 ？

スクリプト和訳

女：私は1時40分の列車です。

男：私もです。じゃあ私たちは1時に駅に行くのはどうですか？

問題：男性は何時の列車ですか？

選択肢和訳

A 1：00　　B 1：20　　C 1：40

24 正解 A

スクリプト

Nǐ hē de shì shénme chá?
男：你 喝 的 是 什么 茶 ？

Zhè bú shì chá, shì yào, wǒ zhè jǐ tiān shēntǐ bú tài hǎo.
女：这 不 是 茶，是 药，我 这 几 天 身体 不 太 好。

Nǚ de hē de shì shénme?
问：女 的 喝 的 是 什么 ？

スクリプト和訳

男：あなたが飲んでいるのは何のお茶ですか？

女：これはお茶ではなくて、薬です。私はここ数日、体調があまり良くないのです。

問題：女性が飲んでいるのは何ですか？

選択肢和訳

A 薬　　B お茶　　C お水

25 正解 B

スクリプト

女：Tiān zěnme yīn le ne?
天 怎么 阴 了 呢 ？

男：Wǒ kànkan. Wàimiàn xià xuě le.
我 看看。外面 下 雪 了。

问：Wàimiàn de tiānqì zěnmeyàng?
外面 的 天气 怎么样 ？

スクリプト和訳

女：空はどうして曇っているのですか？

男：ちょっと見てみます。外は雪が降っています。

問題：外の天気はどうですか？

選択肢和訳

A 晴れている　　B 雪が降っている　　C 雨が降っている

26 正解 A

スクリプト

男：Bàba zài nǎr? Zěnme méi lái chī fàn?
爸爸 在 哪儿 ？ 怎么 没 来 吃 饭 ？

女：Tā qù pǎobù le.
他 去 跑步 了。

问：Bàba zài zuò shénme?
爸爸 在 做 什么 ？

スクリプト和訳

男：お父さんはどこ？　どうしてご飯を食べに来ないの？

女：お父さんはジョギングに行ったの。

問題：お父さんは何をしていますか？

選択肢和訳

A ジョギングしている　　B 寝ている　　C 電話をしている

27 正解 A

スクリプト

女：这 是 我 在 北京 给 你 买 的 杯子。
Zhè shì wǒ zài Běijīng gěi nǐ mǎi de bēizi.

男：好 漂亮 的 杯子，谢谢 姐姐！
Hǎo piàoliang de bēizi, xièxie jiějie!

问：杯子 是 谁 给 男 的 买 的？
Bēizi shì shéi gěi nán de mǎi de?

スクリプト和訳

女：これは私が北京であなたに買ったコップです。

男：とてもきれいなコップですね。お姉さんありがとう！

問題：コップは誰が男性に買ってあげたのですか？

選択肢和訳

A 姉　　B 友達　　C 同級生

28 正解 B

スクリプト

男：门 后面 的 足球 是 你 的 吗？
Mén hòumiàn de zúqiú shì nǐ de ma?

女：不 是，我 不 会 踢 足球，那 是 小 高 的。
Bú shì, wǒ bú huì tī zúqiú, nà shì Xiǎo Gāo de.

问：足球 在 哪儿？
Zúqiú zài nǎr?

スクリプト和訳

男：ドアの後ろにあるサッカーボールはあなたのですか？

女：いいえ。私はサッカーができません。あれは高さんのです。

問題：サッカーボールはどこにありますか？

選択肢和訳

A 車の中　　B ドアの後ろ　　C 椅子の下

29 正解 A

> **スクリプト**

女：<ruby>明天<rt>Míngtiān</rt></ruby> <ruby>上午<rt>shàngwǔ</rt></ruby> <ruby>我<rt>wǒ</rt></ruby> <ruby>想<rt>xiǎng</rt></ruby> <ruby>去<rt>qù</rt></ruby> <ruby>买<rt>mǎi</rt></ruby> <ruby>汉语<rt>Hànyǔ</rt></ruby> <ruby>书<rt>shū</rt></ruby>。

男：<ruby>好<rt>Hǎo</rt></ruby>，<ruby>我<rt>wǒ</rt></ruby> <ruby>和<rt>hé</rt></ruby> <ruby>你<rt>nǐ</rt></ruby> <ruby>一起<rt>yìqǐ</rt></ruby> <ruby>去<rt>qù</rt></ruby>。

问：<ruby>明天<rt>Míngtiān</rt></ruby> <ruby>上午<rt>shàngwǔ</rt></ruby> <ruby>他们<rt>tāmen</rt></ruby> <ruby>要<rt>yào</rt></ruby> <ruby>去<rt>qù</rt></ruby> <ruby>做<rt>zuò</rt></ruby> <ruby>什么<rt>shénme</rt></ruby>？

> **スクリプト和訳**

女：明日の午前中に私は中国語の本を買いに行きたいです。

男：分かりました。私はあなたと一緒に行きましょう。

問題：明日の午前中に彼らは何をしに行こうとしていますか？

> **選択肢和訳**

A　本を買う　　B　授業を受ける　　C　テレビを見る

30 正解 B

> **スクリプト**

男：<ruby>你<rt>Nǐ</rt></ruby> <ruby>的<rt>de</rt></ruby> <ruby>女儿<rt>nǚér</rt></ruby> <ruby>真<rt>zhēn</rt></ruby> <ruby>好看<rt>hǎokàn</rt></ruby>，<ruby>几<rt>jǐ</rt></ruby> <ruby>岁<rt>suì</rt></ruby> <ruby>了<rt>le</rt></ruby>？

女：<ruby>她<rt>Tā</rt></ruby> <ruby>今年<rt>jīnnián</rt></ruby> <ruby>四<rt>sì</rt></ruby> <ruby>岁<rt>suì</rt></ruby>。

问：※1<ruby>女<rt>Nǚ</rt></ruby> <ruby>的<rt>de</rt></ruby> <ruby>的<rt>de</rt></ruby> <ruby>女儿<rt>nǚér</rt></ruby> <ruby>多大<rt>duōdà</rt></ruby> <ruby>了<rt>le</rt></ruby>？

> **スクリプト和訳**

男：あなたの娘さんは本当にかわいいですね。何歳になりましたか？

女：彼女は今年4歳です。

問題：女性の娘は何歳になりましたか？　　　　　※1 "女 的 的~" は「女性の~」のこと

> **選択肢和訳**

A　3歳　　B　4歳　　C　5歳

31 正解 B

第2回

スクリプト

Zhè jiàn yīfu zěnmeyàng?
男：这 件 衣服 怎么样 ？

Hěn piàoliang, dànshì yǒudiǎnr dà.
女：很 漂亮，但是 有点儿 大。

Méi guānxi, wǒ xǐhuan dà yìdiǎnr de.
男：没 关系，我 喜欢 大 一点儿 的。

Nà hǎo, wǒmen qù wènwen zhè jiàn yīfu duōshao qián.
女：那 好，我们 去 问问 这 件 衣服 多少 钱。

Nǚ de juéde nà jiàn yīfu zěnmeyàng?
问：女 的 觉得 那 件 衣服 怎么样 ？

スクリプト和訳

男：この服はどうかな？

女：きれいだけど、少し大きいわ。

男：大丈夫だよ。私は少し大きいのが好きなんだ。

女：それならいいわ。私たちはこの服がいくらか聞きに行きましょう。

問題：女性はその服をどう思っていますか？

選択肢和訳

A　きれいではない　　B　少し大きい　　C　少し小さい

32 正解 C

スクリプト

女：Yǐjīng bā diǎn le, nǐ zěnme hái méi qù shàngbān?
已经 八 点 了，你 怎么 还 没 去 上班？

男：Jīntiān bú shì xīngqīliù ma?
今天 不 是 星期六 吗？

女：Nǐ kàn, bàozhǐ shàng xiě de shì xīngqīwǔ.
你 看，报纸 上 写 的 是 星期五。

男：Zhè shì zuótiān de bàozhǐ.
这 是 昨天 的 报纸。

问：Jīntiān xīngqī jǐ?
今天 星期 几？

スクリプト和訳

女：もう8時になったけれど、どうしてまだ仕事に行かないの？

男：今日は土曜日じゃないの？

女：見て、新聞には金曜日って書いてあるわよ。

男：これは昨日の新聞だよ。

問題：今日は何曜日ですか？

選択肢和訳 A 木曜日　　B 金曜日　　C 土曜日

33 正解 B

スクリプト

男：Nǐhǎo, nǐ yào mǎi shénme?
你好，你 要 买 什么？

女：Wǒ xiǎng mǎi yí gè lánqiú.
我 想 买 一 个 篮球。

男：Wǒmen diàn lǐ de lánqiú mài wán le.
我们 店 里 的 篮球 卖 完 了。

女：Hǎo de, xièxie.
好 的，谢谢。

问：Nǚ de xiǎng mǎi shénme?
女 的 想 买 什么？

スクリプト和訳

男：いらっしゃいませ。何をお求めですか？

女：私はバスケットボールを買いたいです。

男：弊店のバスケットボールは売り切れました。

女：分かりました、ありがとう。

問題：女性は何を買いたいのですか？

選択肢和訳

A サッカーボール　　B バスケットボール　　C 新聞

34 正解 **A**

スクリプト

Míngtiān qù chànggē ma?
女：明天 去 唱歌 吗？

Qù, wǒmen míngtiān yìqǐ cóng xuéxiào zǒu ba?
男：去，我们 明天 一起 从 学校 走 吧？

Míngtiān méi kè, wǒ bù xiǎng qù xuéxiào le, wǒ zhǔnbèi cóng jiā lǐ zǒu.
女：明天 没 课，我 不 想 去 学校 了，我 准备 从 家 里 走。

Hǎo, nà wǒ yě cóng jiā lǐ zǒu ba.
男：好，那 我 也 从 家 里 走 吧。

Nán de míngtiān cóng nǎr zǒu?
问：男 的 明天 从 哪儿 走？

スクリプト和訳

女：明日、歌を歌いに行く？

男：行くよ。私たちは明日、一緒に学校から行く？

女：明日は授業がないの。私は学校に行きたくない。私は家から行くつもりよ。

男：分かったよ。じゃあ私も家から行くよ。

問題：男性は明日、どこから行きますか？

選択肢和訳

A 家　　B 学校　　C 会社

35 正解 C

スクリプト

Nǐ děng yíxià qù yùndòng ma?
男：你 等 一下 去 运动 吗？

Jīntiān bú qù le.
女：今天 不 去 了。

Zěnme le? Gōngzuò tài duō le ma?
男：怎么 了？ 工作 太 多 了 吗？

Bú shì, tiānqì tài lěng le.
女：不 是，天气 太 冷 了。

Nǚ de wèi shénme bù xiǎng yùndòng?
问：女 的 为 什么 不 想 运动？

スクリプト和訳

男：あなたはあと少ししたら運動しに行く？

女：今日は行かないことにするわ。

男：どうして？ 仕事が多すぎるの？

女：いいえ。天気が寒すぎるからよ。

問題：女性はどうして運動したくないのですか？

選択肢和訳

A 好きではない　　B 仕事が多すぎる　　C 天気が寒い

第2回

123

2 閲 読

第**1**部分 | 問題 p.39

36 正解 **E**

問題文和訳

母はコーヒーを飲んでいるところです。

> **解説** 「"在"+動詞」で「〜しているところだ」の意味。動作が現在進行中であることを表す。動詞は "喝"「飲む」で、飲んでいるのは "咖啡"「コーヒー」なのでEを選択。

37 正解 **C**

問題文和訳

この問題は読んでも分かりません。解けません。

> **解説** 可能補語 "看不懂" で「読んでも／見ても理解できない」の意味。助動詞 "会" は後ろに動詞を伴い、習得して何かができることを意味する。否定形は「"不会"+動詞」で「〜できない」となる。文の内容からCを選択。

38 正解 **A**

問題文和訳

彼はバスに乗りませんでした。

> **解説** 「"没"+動詞」で、客観的な事実を否定する。「バスに乗らなかった／バスに乗っていない」いずれの解釈でもよい。ここでは単語 "公共汽车" が分かればAを選択。

39 正解 **F**

問題文和訳

私の娘が病気になったので、私は今日お店に行けなくなりました。

> **解説** 「"不"+動詞」で、主観的な否定の形を表す。動詞 "生病" の後ろの "了" と文末の "了" は語気助詞で変化を表す。Fを選択。

40 正解 **B**

 問題文和訳

私がお昼に食べたのは麺です。

解説　"面条" は麺料理一般を指す。"面条儿" と表記されることも多い。Bを選択。

選択肢和訳

A 去年　　　　　B ゆっくりだ　　　C （〜してから）また
D 話をする　　　E 高価だ　　　　　F 本当に

41 正解 D

問題文和訳

授業中は［話をしては］いけませんが、質問があれば先生に聞いてよいです。

解説 "要" は「〜がほしい、〜がいる」と動詞で使うほかに、副詞として「"不要"＋動詞」の形で「〜してはいけない、〜するな」という禁止の意味もある。よってDを選択。

42 正解 C

問題文和訳

私は今忙しいので、ちょっとお待ちいただいて［から、また］あなたと話してもいいですか？

解説 "和" はここでは介詞であり、「"和"＋対象＋動詞」の形で動詞句を作り「〜に対して〜する」の意味。動詞句に接続できる副詞Cを選択。副詞 "再" は「（〜してから）また」という意味。

43 正解 F

問題文和訳

このあたりは魚が［本当に］多いなあ！

解説 副詞 "真" は「本当に〜」の意味。後ろに動詞または形容詞を伴う。Fを選択。

44 正解 A

問題文和訳

［去年］の今頃、私は中国で中国語を勉強していました。

> **解説** 助詞 "的" は2つの名詞を接続する。時間を表す "这个时候" に対応するAを選択。

45 正解 B

問題文和訳

女：少し［ゆっくり］してください。1時間後に出ても遅くありません。

男：私たちは今日車を運転しないので、少し早く出ましょう。

> **解説** 「形容詞＋"点儿"」で、何かと比較した上で「ちょっと～だ」の意味。男性の答えにも同じ形で "早点儿"「(いつもより) 少し早く」とあり、対応するBを選択。

46 正解 ✓

（問題文和訳）

楽楽は中国に遊びに行って、家にはいないので、彼が戻って来たら、私から彼にあなたが彼を探していたと伝えます。

★ 楽楽は中国に旅行に行った。

> 解説 "乐乐去中国玩儿了" と言っているので、★の文の "乐乐去中国旅游了" と合致する。

47 正解 ✗

（問題文和訳）

彼が言うにはここのリンゴはおいしいので、それで彼は毎日1個食べています。

★ 彼はそこのリンゴを食べるのが好きではない。

> 解説 "这儿的苹果很好吃" とあるが★の文では "不喜欢吃那儿的苹果" とあるので合致しない。話し手の立場から "这儿"「ここ」と "那儿"「そこ」が違っているが同じリンゴのことを指している。

48 正解 ✗

（問題文和訳）

私が前回北京に来た時は友達の家に宿泊しましたが、今回はホテルに宿泊します。

★ 話し手は初めて北京に来た。

> 解説 "上次" と "这次" があるので話し手が北京に来たのは2回目であることが分かる。★の文では "第一次" と言っているので合致しない。

正解 ✓

（問題文和訳）

我が家には二人の子供がいます。一人は私で、一人は妹です。妹は私より7歳年下です。
★ 話し手には妹が一人いる。

解説 "一个是我" と言っていることから、話し手の家には自分を含めて二人の子供がいることが分かる。★の文と
合致する。

 正解 ✗

（問題文和訳）

これは彼らの会社が新しく（売り）出したパソコンですが、高価だと考えてはいけません。
（なぜなら）聞くところによると今年一番良いパソコン（のモデル）なのです。
★ そのパソコンは高価ではない。

解説 "别看它贵" に注目。「"别"＋動詞」で禁止「～してはいけない」の意味。"它" はパソコンを指す。これにより、
★の文と合致しない。この "他们家" の "家" は「家」ではなく、「会社、企業、商店」などを指している。

51 - 55

（選択肢和訳）

A 我が家には1匹の子猫がいます。

B こんにちは！ あなたはどこに行きたいですか？

C 彼はいつ試験ですか？

D おそらくお昼に食べたスイカでしょう。ちょっと洗いに行ってきます。

E 彼はどこにいますか？ あなたは彼を見かけましたか？

F 昨日あなたに会いに来たあの人は、あなたのボーイフレンドですか？

51 正解 F

（問題文和訳）

いいえ。彼は私の兄です。

解説 "不是"とあるため、何らかの正否を問う質問に対する答えと考えられる。人についての話題であることからFを選択。

52 正解 A

（問題文和訳）

それ（その猫）の名前は「ミルクティー」と言います。

解説 "它"は人間以外の事物を指す。子猫のことを話題にしているAを選択。

53 正解 D

（問題文和訳）

あなたの服についている赤いのは何ですか？

解説 "你衣服上红红的"と"什么"から、赤いものに関する返答Dを選択。

54 正解 C

問題文和訳

来週の月曜日です。

> **解説** 曜日を言っているので、時間に関する質問だと分かる。時を尋ねる疑問詞 "什么时候" があるCを選択。

55 正解 B

問題文和訳

新新ホテルまで私を送ってください。

> **解説** 兼語文になっていて、前半は "请送我"。「A＋"请"＋B＋動詞」の形で「AはBに〜してもらう、させる」の意味。Aは "我"、Bは "你" になるが省略されている。後半は "我去新新饭店"。「"要"＋動詞」で「〜したい」、場所をたずねる "哪里" からBを選択。

56 - 60

選択肢和訳

A　こんにちは。王さんはご在宅ですか？　私は彼の友達の高新です。

B　私はあの（中国式）喫茶店へ行く道を知りません。

C　この3つの部屋のどれがあなたの部屋ですか？

D　（医師の）王先生は今日どうしてあんなに喜んでいるのですか？

E　この本はあなたは読み終わりましたか？　どう思いましたか？

56 正解 D

問題文和訳

なぜなら彼の患者が退院したからです。

> **解説** 因果関係を示す "因为〜"「なぜなら〜」があることから、「どうして〜」にあたる質問を探す。疑問詞 "怎么" のあるDを選択。

57 正解 E

（問題文和訳）

とても面白いです、なかなか良く書けています。

> **解説** 程度補語 "得" は動詞や形容詞の後ろに置かれる。"不错" は「なかなか良い」の意味。性質や状況、方法を尋ねる疑問詞 "怎么样" のあるEを選択。

58 正解 A

（問題文和訳）

いますよ。早くお入りください。

> **解説** "在" は存在を表す動詞として「〜がいる」という意味で使われている。同じ用法で疑問形となっている "在家吗？" のあるAを選択。

59 正解 B

（問題文和訳）

大丈夫です。私は行ったことがありますが、近くです。

> **解説** 「動詞＋"过"」で「〜したことがある」の意味。これに対応する "不认识" 「(道などを) 知らない」と言っているBを選択。

60 正解 C

（問題文和訳）

私は右側のあの小さい方に住んでいます。

> **解説** "那个" は遠称の単数で「その／あの」の意味。疑問の単数 "哪个" があるCを選択。

2級 第3回
解答・解説

聴力試験・・・P.134 ～ P.149
読解試験・・・P.150 ～ P.158
例題の解答は P13 ～ P17 で紹介しています。

正解一覧

1. 听 力

第1部分	1. ×	2. ✓	3. ×	4. ×	5. ✓
	6. ×	7. ✓	8. ✓	9. ✓	10. ×
第2部分	11. E	12. F	13. A	14. B	15. C
	16. A	17. C	18. B	19. E	20. D
第3部分	21. A	22. A	23. B	24. B	25. B
	26. C	27. B	28. B	29. C	30. C
第4部分	31. C	32. A	33. C	34. A	35. A

2. 阅 读

第1部分	36. F	37. C	38. E	39. A	40. B
第2部分	41. A	42. D	43. C	44. F	45. B
第3部分	46. ×	47. ×	48. ✓	49. ✓	50. ✓
第4部分	51. A	52. B	53. D	54. F	55. C
	56. E	57. C	58. D	59. A	60. B

1 听 力

---

1 正解 ✕

> **スクリプト**
>
> Nǐ kàn dào wǒ de shǒubiǎo le ma?
> 你 看 到 我 的 手表 了 吗 ？
>
> **スクリプト和訳**
>
> あなたは私の腕時計を見ましたか？

---

2 正解 ✓

> **スクリプト**
>
> Tā chànggē chàng de zěnmeyàng?
> 她 唱歌 唱 得 怎么样 ？
>
> **スクリプト和訳**
>
> 彼女が歌う歌はどうですか？

---

3 正解 ✕

> **スクリプト**
>
> Báisè de yào yì tiān chī sān cì.
> 白色 的 药 一 天 吃 三 次。
>
> **スクリプト和訳**
>
> 白い薬は1日3回服用します。

4 正解 ✕

スクリプト

Wǒ shì yí gè rén lái zhèr wánr de.
我 是 一 个 人 来 这儿 玩儿 的。

スクリプト和訳

私は一人でここに遊びに来たのです。

5 正解 ✓

スクリプト

Nǐ juéde jīnwǎn de diànyǐng zěnmeyàng?
你 觉得 今晚 的 电影 怎么样 ？

スクリプト和訳

あなたは今晩の映画をどう思いますか？

6 正解 ✕

スクリプト

Shàngkè bù néng wánr shǒujī.
上课 不 能 玩儿 手机。

スクリプト和訳

授業中は携帯電話で遊んではいけません。

7 正解 ✓

スクリプト

Jīntiān de xīguā mǎi yī sòng yī.
今天 的 西瓜 买 一 送 一。

スクリプト和訳

今日のスイカは1つ買うと1つサービスとなります。

8 正解 ✓

スクリプト

Xiè xiǎojiě zhǔnbèi zuò chūzūchē huí jiā.
谢 小姐 准备 坐 出租车 回 家。

スクリプト和訳

（女性の）謝さんはタクシーに乗って家に帰るつもりです。

9 正解 ✓

スクリプト

Zhè jiā fàndiàn de yú zuò de fēicháng hǎochī.
这 家 饭店 的 鱼 做 得 非常 好吃。

スクリプト和訳

このレストランの魚料理はとてもおいしいです。

10 正解 ✕

スクリプト

Tóngxuémen dōu zài jiàoshì lǐ xuéxí.
同学们 都 在 教室 里 学习。

スクリプト和訳

同級生たちは皆教室の中で勉強しています。

11 正解 E

スクリプト

Zhè shì nǐ nǚpéngyou? Nǐmen shì zěnme rènshi de?
女：这 是 你 女朋友？ 你们 是 怎么 认识 的 ？

Wǒmen shì lǚyóu de shíhou rènshi de.
男：我们 是 旅游 的 时候 认识 的。

スクリプト和訳

女：この方はあなたのガールフレンドですか？　あなたたちはどうやって知り合ったの
　　ですか？
男：私たちは旅行中に知り合いました。

12 正解 F

スクリプト

Nǐmen dōu kàn le liǎng ge xiǎoshí diànshì le, ràng wǒ kànkan zúqiú ba!
男：你们 都 看 了 两 个 小时 电视 了，让 我 看看 足球 吧 ！

Nǐ zài děngdeng, wǒmen kuài kànwán le.
女：你 再 等等 ，我们 快 看完 了。

スクリプト和訳

男：あなたたちは2時間もテレビを見ているのだから、私にサッカーを見せてくださいよ！
女：もうちょっと待ってください。私たちはもうすぐ見終わります。

13 正解 A

スクリプト

Mǎi zhème duō cài chī bù wán de.
女：买 这么 多 菜 吃 不 完 的。

Méi guānxi, jīntiān shì nǐ de shēngrì.
男：没 关系，今天 是 你 的 生日。

スクリプト和訳

女：こんなにたくさん食材を買っても食べきれません。
男：大丈夫です。今日はあなたの誕生日ですから。

14 正解 B

スクリプト

Nàge xuéxiào zài nǎr ne?
男：那个 学校 在 哪儿 呢？

Jiù zài Běijīng cháguǎn pángbiān, wǒmen wǎng qián zǒu ba.
女：就 在 北京 茶馆 旁边，我们 往 前 走 吧。

スクリプト和訳

男：その学校はどこにありますか？

女：北京茶館のそばにありますので、私たちは前に向かって行きましょう。

15 正解 C

スクリプト

Zhè jiàn yīfu yǒu hóngsè de ma?
女：这 件 衣服 有 红色 的 吗？

Duìbuqǐ, hóngsè de mài wán le.
男：对不起，红色 的 卖 完 了。

スクリプト和訳

女：この服の赤色のはありますか？

男：すみません。赤色は売り切れました。

16 正解 A

スクリプト

Tāmen tiào de zhēn hǎo!
男：他们 跳 得 真 好！

Shì a, dàjiā dōu xǐhuan kàn tāmen tiàowǔ.
女：是 啊，大家 都 喜欢 看 他们 跳舞。

スクリプト和訳

男：彼らのダンスは本当に上手です！

女：そうですね。みんな彼らのダンスを見るのが好きです。

17 正解 C

スクリプト

女：明天 我们 几 点 起床？
　　Míngtiān wǒmen jǐ diǎn qǐchuáng?

男：六 点 吧, 我们 要 早 点儿 出门。
　　Liù diǎn ba, wǒmen yào zǎo diǎnr chūmén.

スクリプト和訳

女：明日、私たちは何時に起きますか？

男：6時にしましょう。私たちは早く出かける必要があります。

18 正解 B

スクリプト

男：下午 我 给 你 打了 三 个 电话, 你 都 没 听 到 吗？
　　Xiàwǔ wǒ gěi nǐ dǎle sān gè diànhuà, nǐ dōu méi tīng dào ma?

女：我 那个 时候 正 在 考试 呢。
　　Wǒ nàge shíhou zhèng zài kǎoshì ne.

スクリプト和訳

男：午後、私はあなたに3回電話しましたが、3回とも聞こえなかったのですか？

女：私はその時ちょうど試験を受けていたのです。

19 正解 E

スクリプト

女：这 家 店 的 咖啡 真 好喝。
　　Zhè jiā diàn de kāfēi zhēn hǎohē.

男：是 的, 我 也 非常 喜欢。
　　Shì de, wǒ yě fēicháng xǐhuan.

スクリプト和訳

女：このお店のコーヒーは本当においしいです。

男：そうですね。私も大好きです。

20 正解 **D**

Nín jīntiān juéde zěnmeyàng?
男：您 今天 觉得 怎么样 ？

Hǎo duō le, yīshēng, wǒ xiàzhōu néng chūyuàn ma?
女：好 多 了，医生，我 下周 能 出院 吗 ？

男：今日の気分はどうですか？

女：ずっと良くなりました。（医者に）先生、私は来週退院できますか？

21 正解 **A**

スクリプト

　Tīngshuō Wáng lǎoshī de zhàngfu shì gè yīshēng.
女：听说　王　老师 的 丈夫 是 个 医生。
　　Bú shì, tā zhàngfu yě shì lǎoshī.
男：不 是，她 丈夫 也 是 老师。
　Wáng lǎoshī de zhàngfu zuò shénme gōngzuò?
问： 王　老师 的 丈夫 做 什么　工作？

スクリプト和訳

　女：王先生の夫は医者だそうです。
　男：いいえ。彼女の夫も教師です。
　問題：王先生の夫は何の仕事をしていますか？

選択肢和訳

A　教師　　B　医者　　C　店員

22 正解 **A**

スクリプト

　Wàimiàn tiānqì zěnmeyàng?
男：外面 天气　怎么样 ？
　Fēicháng lěng, bǐ zuótiān lěng duō le.
女：非常　冷，比 昨天　冷 多 了。
　Jīntiān tiānqì zěnmeyàng?
问：今天 天气　怎么样 ？

スクリプト和訳

　男：外の天気はどうですか？
　女：とても寒くて、昨日よりもずっと寒いです。
　問題：今日の天気はどうですか？

選択肢和訳

A　とても寒い　　B　晴れている　　C　雨が降っている

23 正解 B

スクリプト

Wǒmen zài diànyǐngyuàn pángbiān de kāfēiguǎn jiàn ba.
女：我们 在 电影院 旁边 的 咖啡馆 见 吧。

Hǎode, děng wǒ lái le zài mǎi piào.
男：好的，等 我 来 了 再 买 票。

Tāmen zài nǎr jiàn?
问：他们 在 哪儿 见 ？

スクリプト和訳

女：私たちは映画館のそばのコーヒーショップで会いましょう。

男：いいですよ。私が来るのを待ってもらって（私が着いてから）、チケットを買いましょう。

問題：彼らはどこで会いますか？

選択肢和訳

A　ホテル　　B　コーヒーショップ　　C　映画館

24 正解 B

スクリプト

Tāmen shuō nǐ qù Běijīng lǚyóu le.
男：他们 说 你 去 北京 旅游 了。

Duì, zhèbiān hěn hǎo wánr.
女：对，这边 很 好 玩儿。

Nǚ de qù Běijīng zuò shénme le?
问：女 的 去 北京 做 什么 了 ？

スクリプト和訳

男：彼らはあなたが北京に旅行に行ったと言っています。

女：はい。こちらは楽しいです。

問題：女性は何をしに北京に行きましたか？

選択肢和訳

A　テスト　　B　旅行　　C　出勤する

25 正解 B

スクリプト

Zhège cháguǎn suīrán guì yìdiǎnr,　dànshì fúwù búcuò.
女：这个　茶馆　虽然　贵　一点儿，但是　服务　不错。

Nà jīnwǎn jiù zài zhèr hē chá ba.
男：那　今晚　就　在　这儿　喝　茶　吧。

Nàge cháguǎn zěnmeyàng?
问：那个　茶馆　怎么样　？

スクリプト和訳

女：この（中国式）喫茶店は値段が少し高いですが、サービスは良いです。

男：それでは今夜はここでお茶を飲みましょう。

問題：その（中国式）喫茶店はどうですか？

選択肢和訳

A　人がとても多い　　B　サービスが良い　　C　お茶がまずい

26 正解 C

スクリプト

Nǐ zěnme lái de?
男：你　怎么　来　的？

Zuò gōnggòng qìchē, hěn kuài, èrshí fēnzhōng jiù dào le.
女：坐　公共　汽车，很　快，二十　分钟　就　到　了。

Nǚ de zěnme qù nàr de?
问：女　的　怎么　去　那儿　的？

スクリプト和訳

男：あなたはどうやって来たのですか？

女：バスに乗って来ました。早くて、20分で着きました。

問題：女性はどうやってそこに来ましたか？

選択肢和訳

A　列車に乗る　　B　タクシーに乗る　　C　バスに乗る

27 正解 **B**

スクリプト

女：家里 没有 鸡蛋 了, 你 去 买 一点儿 吧。
Jiā lǐ méiyǒu jīdàn le, nǐ qù mǎi yìdiǎnr ba.

男：上午 我 已经 买 回来 了。
Shàngwǔ wǒ yǐjīng mǎi huílái le.

问：他们 可能 在 哪儿 ?
Tāmen kěnéng zài nǎr?

スクリプト和訳

女：家の卵がなくなったから、あなたがちょっと買いに行ってよ。

男：午前中に私はもう買って来たよ。

問題：彼らはどこにいる可能性がありますか?

選択肢和訳

A 店　　B 家　　C レストラン

28 正解 **B**

スクリプト

男：你 儿子 上 小学 了 吧?
Nǐ érzi shàng xiǎoxué le ba?

女：对, 他 八 岁 了, 上 小学 一年级。
Duì, tā bā suì le, shàng xiǎoxué yìniánjí.

问：※1女 的 的 儿子 几 岁 了 ?
Nǚ de de érzi jǐ suì le?

スクリプト和訳

男：あなたの息子さんは小学校に上がりましたか?

女：はい。息子は8歳になって、小学校1年生になりました。

問題：女性の息子は何歳になりましたか?　　　　　※1 "女 的 的〜" は「女性の〜」のこと

選択肢和訳

A 1歳　　B 8歳　　C 10歳

29 正解 **C**

> **スクリプト**

Jīntiān zhōngwǔ nǐ xiǎng chī shénme?
女：今天 中午 你 想 吃 什么 ?

Miàntiáor ba, wǒ xiǎng chī nǐ zuò de jīdànmiàn le.
男：面条儿 吧，我 想 吃 你 做 的 鸡蛋面 了。

Nán de xiǎng chī shénme?
问：男 的 想 吃 什么 ?

> **スクリプト和訳**

女：今日のお昼にあなたは何を食べたいですか？

男：麺にしましょう。私はあなたの作る玉子麺が食べたいです。

問題：男性は何を食べたいですか？

選択肢和訳

A 羊肉 　　B 鶏肉 　　C 麺

30 正解 **C**

> **スクリプト**

Xiǎo Gāo, tāmen shuō nǐ zhǎo dào xīn gōngzuò le?
男：小 高，他们 说 你 找 到 新 工作 了 ?

Duì, gōngsī bú dà, dànshì lí jiā fēicháng jìn.
女：对，公司 不 大，但是 离 家 非常 近。

Xiǎo Gāo de gōngzuò zěnmeyàng?
问：小 高 的 工作 怎么样 ?

> **スクリプト和訳**

男：高さん、彼らはあなたが新しい仕事を見つけたと言っていますが？

女：はい。会社は大きくはありませんが、家からとても近いです。

問題：高さんの仕事はどうですか？

選択肢和訳

A 見つからなかった 　　B 間違えた 　　C 家から近い

31　正解 **C**

スクリプト

Zhǔnbèi hǎo le ma?　Zhǔnbèi hǎo wǒ jiù jiào chē le.
男：准备 好 了 吗？　准备 好 我 就 叫 车 了。

Zhème zǎo qù jīchǎng?
女：这么 早 去 机场？

Bù zǎo le, shàngwǔ shí diǎn de fēijī.
男：不 早 了，上午 十 点 的 飞机。

Nǐ kàncuò le ba?　Wǒmen shì wǎnshàng shí diǎn de.
女：你 看错 了 吧？　我们 是 晚上 十 点 的。

Tāmen de fēijī shì shénme shíhou de?
问：他们 的 飞机 是 什么 时候 的？

スクリプト和訳

男：準備はいい？　準備が整ったら車を呼ぶよ。

女：こんなに早く空港に行くの？

男：早くはないよ。午前10時の飛行機だから。

女：見間違えじゃないの？　私たちは夜10時のよ。

問題：彼らの飛行機はいつのですか？

選択肢和訳 A 午前　　B 午後　　C 夜

32　正解 A

スクリプト

女：你 看见 我 的 小 狗 了 吗 ？　　我 找 不 到 它。
Nǐ kànjiàn wǒ de xiǎo gǒu le ma?　　Wǒ zhǎo bú dào tā.

男：可能 在 电视 后面。
Kěnéng zài diànshì hòumiàn.

女：我 去 看看。
Wǒ qù kànkan.

男：去 看看 吧，它 喜欢 在 那儿 睡觉。
Qù kànkan ba, tā xǐhuan zài nàr shuìjiào.

问：小 狗 喜欢 在 哪儿 睡觉 ？
Xiǎo gǒu xǐhuan zài nǎr shuìjiào?

スクリプト和訳

女：あなたは私の子犬を見かけましたか？　それ（子犬）が見つからないんです。

男：たぶんテレビの後ろにいます。

女：私がちょっと見てきます。

男：見てきてください。それ（子犬）はそこで寝るのが好きですから。

問題：子犬はどこで寝るのが好きですか？

選択肢和訳　A　テレビの後ろ　　B　テーブルの下　　C　パソコンの後ろ

33　正解 C

スクリプト

男：来，吃 药 了。
Lái, chī yào le.

女：爸爸，我 快 好 了，可以 不 吃 了 吗 ？
Bàba, wǒ kuài hǎo le, kěyǐ bù chī le ma?

男：不 可以，等 你 好 了 就 可以 不 吃 了。
Bù kěyǐ, děng nǐ hǎo le jiù kěyǐ bù chī le.

女：好 吧。
Hǎo ba.

问：女 的 是 什么 意思 ？
Nǚ de shì shénme yìsi?

スクリプト和訳

男：ほら、薬を飲んで。

女：お父さん、私はすぐ良くなるから、飲まなくてもいい？

男：だめだ。良くなったら飲まなくていいよ。

女：分かった。

問題：女性が言っているのはどういう意味ですか？

選択肢和訳　A　病気が治った　　B　病気になりたくない　　C　薬を飲みたくない

147

第3回

スクリプト

_{Fúwùyuán, duōshao qián?}
女：服务员，多少 钱？
_{Yì bǎi líng wǔ kuài.}
男：一 百 零 五 块。
_{Hǎo de, gěi nǐ qián.}
女：好 的，给 你 钱。
_{Xièxie, xiàcì zài lái, zàijiàn.}
男：谢谢，下次 再 来，再见。
_{Nǚ de gěi le nán de duōshao qián?}
问：女 的 给 了 男 的 多少 钱？

スクリプト和訳

女：（店員に）すみませんが、おいくらですか？
男：105元です。
女：分かりました。お支払いします。
男：ありがとうございます。またご来店ください。さようなら。
問題：女性は男性にいくら支払いましたか？

選択肢和訳

A 105元　　B 150元　　C 250元

35 正解 A

スクリプト

Nǐ zuì xǐhuan shénme yùndòng?
男：你 最 喜欢 什么 运动？

Wǒ zuì xǐhuan pǎobù. Nǐ ne?
女：我 最 喜欢 跑步。你 呢？

Yóuyǒng.
男：游泳。

Wǒ yě xǐhuan yóuyǒng.
女：我 也 喜欢 游泳。

Nǚ de zuì xǐhuan shénme yùndòng?
问：女 的 最 喜欢 什么 运动 ？

スクリプト和訳

男：あなたの一番好きな運動は何ですか？
女：私が一番好きなのはジョギングです。あなたは？
男：水泳です。
女：私も水泳が好きです。
問題：女性が一番好きな運動は何ですか？

選択肢和訳

A　ジョギング　　B　サッカーをする　　C　バスケットボールをする

第3回

2 閲 読

第 1 部分 ┃ 問題 p.51

36 正解 F

（問題文和訳）

妹はまだ6歳になっていませんが、彼女は新聞を読んで理解できるのですか？

解説　"懂" は動詞だが、動詞の後ろにつくと、その動詞の結果を導く補語となる。"读懂" で「〜を読んで理解する」の意味。"报纸" は新聞のことなのでFを選択。

37 正解 C

（問題文和訳）

私は父と母が大好きです。私たちは幸せな一家です。

解説　"爸爸" は「父」、"妈妈" は「母」である。"快乐" は「幸せ、楽しい」の意で、誕生日や新年を祝う際にもよく使われる。単語からCを選択。

38 正解 E

（問題文和訳）

出勤初日に、みんなが私にたくさん手助けをしてくれました。

解説　動詞 "给" は二重目的語を取り、「"给"＋目的語1＋目的語2」の形で「目的語1に目的語2を与える」の意味。目的語1は "我"、目的語2は "很多帮助"「たくさんの手助け」である。よってEを選択。"上班" は「出勤する」で、「退勤する」は "下班" である。

39 正解 A

（問題文和訳）

私のパソコンに問題が起きて、起動できません。

解説　"电脑" は「パソコン」、動詞 "打开" は電化製品を起動する際の「開く、起動する」の意味。ここでは "不" が動詞と補語の間に置かれ、可能補語の否定形 "打不开"「開けない」の意。困った様子の写真Aを選択。

正解 **B**

(問題文和訳)

あなたのお姉さんの目は本当にきれいです！

解説 "姐姐" は「姉」、"眼睛" は「目」からBを選択。程度を表す副詞 "真" は後ろに形容詞を伴って「本当に～」と感情を込めた強調の意味を表す。形容詞 "漂亮" はスポーツなどでの優れた技術にも使われる。

第3回

（選択肢和訳）

A 疲れる	B 分かる	C 体
D 2	E 高価だ	F 非常に

41 正解 A

（問題文和訳）

今日はたくさん歩いて、本当に［疲れました］！

> **解説** 程度を表す副詞 "真" は後ろに形容詞を伴って「本当に〜」と感情を込めて強調する時に用いる。"走" と "路" の間にある "了" と "很多" は "走路"「歩く」を修飾している。形容詞と文脈からAを選択。

42 正解 D

（問題文和訳）

父は湯呑みを買いました。［2］02元でした。

> **解説** "茶杯" は茶を飲むための湯呑みの意味。"块" はお金の単位。数の "百" は前に数詞を入れなければならず、"百零二" では数詞が足りない。よって数字のDを選択。"买"「買う」と "卖"「売る」は字も読みもよく似ているので注意。

43 正解 C

（問題文和訳）

彼の［体］があまり良くないので、私たちはゆっくり歩きましょう。

> **解説** "不太好"「あまり良くない」のは彼の体のこと。接続助詞 "的" が省略されて "他（的）身体" までが主語と考えてCを選択。"慢点儿" は「ゆっくり」の意味。

44 正解 F

（問題文和訳）

姉は本を読むのが［とても］好きで、時には書店で1日中本を読むことができます。

> **解説** 動詞句 "爱看书"「本を読むことが好きだ」を修飾できるのは副詞であることからF "非常" を選択。

45 正解 **B**

女：今日の授業は全部、あなたは聞いて［分かり］ましたか？

男：いいえ。先生の話（話す速度）は速すぎました。

解説 "懂" は動詞だが、動詞の後ろにつくと、その動詞の結果を導く補語となる。"听懂" で「〜を聞いてわかる、理解する」の意味。よってBを選択。返答の "没有" は質問文の "了" に対応して状態の変化を否定する「まだ〜していない」の意。「"太"＋形容詞＋"了"」の形で「大変〜/〜すぎる」なので、"太快了" で「速すぎる」の意味。

第**3**部分 | 問題 p.53 ～ p.54

46 正解 ✕

問題文和訳

娘は仕事が大変忙しいので、私たちと旅行に行かないことになりました。

★　娘はあまり忙しくない。

> **解説**　"因为～" は原因や理由を表す接続詞である。その理由に "工作太忙" とあり、★の文と一致しない。

47 正解 ✕

問題文和訳

（女性の）李さんの家は私たちの家のそばにあり、彼女は一人暮らしです。時々、母がおいしい料理を作って、少し私に彼女のところへ持って行かせることがあります。

★　（女性の）李さんの家は私の家から遠い。

> **解説**　"旁边" は「かたわら、そば」の意味。★の文の "离我家远" は介詞「"离"＋名詞」で「～まで」の意味で、形容詞 "远" は「遠い」なので合致しない。

48 正解 ✓

問題文和訳

もう12時になったのに、どうしてまだ問題をしているの？　早く寝なさい。明日の朝、また学校に行かなければならないでしょう。

★　時間は大変遅い。

> **解説**　副詞 "都" は程度を強める「もう、すでに」の意で、文末に "了" を伴う。「もう12時になった」ことから★の文に合致する。

49 正解 ✓

（問題文和訳）

妻は夫に言いました。「外は雪が降っているわ、出かける時は多めに服を着てね。」

★　今日は雪が降っている。

> "下雪了" で「雪が降っている」の意味。文末の "了" は変化を表す。★の文に合致する。

 50 正解 ✓

（問題文和訳）

楽楽は中国に来てもう4年が経ちました。今、彼の中国語はとても上手ですが、海外にいた時は、一言も話せなかったのですよ。

★　楽楽は今は中国語をなかなか上手に話す。

> （解説）「動詞／形容詞＋補語 "得"」で、「～している／～な様子が…だ」の意味。"得" の後ろには動作の様子を描写する表現が続く。後続の文は "非常好"。★の文も同じ構造で、"得" の後ろにある "不错" は口語で「なかなか良い」の意味。よって合致する。

第3回

第4部分 問題 p.55 ～ p.56

51 - 55

選択肢和訳

A　ありがとう。すばらしく書かれているそうですね。

B　お母さん、あと5分見てもいい?

C　大丈夫です。仕事は終わりましたか?

D　そうです。人が少なくて、料理の値段も高くありませんよ。

E　彼はどこにいますか?　あなたは彼を見かけましたか?

F　次は北京駅です。下車される方は準備をしてください。

51　正解 A

問題文和訳

この本をあなたに差し上げます。気に入っていただけると幸いです。

解説　「動詞＋"给"＋対象」で結果補語となり「～に贈る」の意味。その返答として"谢谢"「ありがとう」と続くAを選択。"听说"は「聞くところによると」の意味。「動詞／形容詞＋補語"得"」で、「～している／～な様子が…だ」を表し、"得"の後ろには動作の様子を描写する表現が続く。"写得很好"は「書いた結果が良い」の意味。

52　正解 B

問題文和訳

(子どもに)ねえ、目を少し休めなさい。

解説　"孩子"は子供への呼びかけの際に使う。"妈妈"「母」に返答するBを選択。使役動詞"让"は後ろに名詞と動詞を伴って「～に～させる、してもらう」の意味。ここでは名詞が"眼睛"「目」、動詞が"休息"「休憩する」となる。

53　正解 D

問題文和訳

あなたはあのレストランに食事に行くのがとても好きですか?

解説　動詞"喜欢"は動詞句を後ろに取って「～することが好き」の意味。疑問形で終わっているので、返答である"是的"から始まるDを選択。"菜"はここでは「料理」を意味する。

54　正解 F

（問題文和訳）

行きましょう。私たちはもうすぐ到着します。

> （解説）　動詞 "走" は行き先である目的語をもたす、「行く」「出発する」などの動きを表す。"快到了"「もうすぐ到着する」から、"下一站"「次の駅」、"下车"「下車する」とあるFを選択。"做好准备" で「準備し終える」の意味。

55　正解 C

（問題文和訳）

すみません。会社でいろいろと用事があったので、遅くなりました。

> （解説）　謝罪の言葉 "对不起" への応答として "没关系"「問題ありません、大丈夫です」から始まるCを選択。

56 - 60

（選択肢和訳）

A　王さん、私はあなたのお兄さんを外で見かけましたが、あなたを待っているのですか？
B　私があなたに紹介したあのホテルはいかがですか？
C　この黒い犬はあなたのですか？
D　"晴" という字の左側は "日" です。
E　いいえ。これはお茶です。

56　正解 E

（問題文和訳）

あなたが飲んだのはコーヒーですか？　医師は控えめに飲むように言いませんでしたか？

> （解説）　使役動詞 "让" は後ろに名詞と動詞を伴って「～に～させる、してもらう、～するように言う」の意味。ここでは名詞が "你"「あなた」、動詞が "少喝"「控えめに（少なめに）飲む」である。"不是…" という強い口調を使い、非難をしているので、それに対する返答として "没有"「いいえ」から始まるEを選択。

57 正解 **C**

（問題文和訳）

いいえ。私のは白いのです。

> **解説** 否定の "不是" があることから、後続の答えとは違う質問をされていることが分かる。"我的是白色的"「私のは白いのです」から、白以外の色を話しているCを選択。"只" は動物一般を数える量詞である。

 58 正解 **D**

（問題文和訳）

私が紙にちょっと書いてあげましょう。

> **解説** 動詞 "给" は二重目的語を取り、「"给"＋目的語1＋目的語2」の形で「目的語1に目的語2を与える」の意味。目的語1は "你"、目的語2は "在纸上写一下" である。"在纸上" は後ろの "写一下" を修飾していて「紙にちょっと書いてあげる」の意。書くことにつながるDを選択。

59 正解 **A**

（問題文和訳）

はい、私は今すぐ彼を探しに行きます。

> **解説** "对" は肯定の「はい」の意味。"这就" は「今すぐ」、「"去"＋動詞」は「～しに行く」から、疑問文を探す。ある動作が進行していることを表す「"(正)在"＋動詞＋"(呢)"」の形を疑問文にしているAを選択。

60 正解 **B**

（問題文和訳）

安いです。次回も私はまたここに泊まります。

> **解説** 動詞 "住" には「泊まる」の意味もある。"宾馆"「ホテル」、"怎么样"「どうですか」など、関連する質問があるBを選択。

2級 第4回
解答・解説

聴力試験・・・P.160 ～ P.175
読解試験・・・P.176 ～ P.184
例題の解答は P13 ～ P17 で紹介しています。

正解一覧

1. 听力

第1部分	1. ✓	2. ×	3. ×	4. ×	5. ✓
	6. ×	7. ✓	8. ✓	9. ×	10. ✓
第2部分	11. E	12. B	13. F	14. C	15. A
	16. D	17. C	18. E	19. A	20. B
第3部分	21. B	22. A	23. B	24. C	25. A
	26. C	27. A	28. A	29. B	30. C
第4部分	31. C	32. B	33. C	34. A	35. B

2. 阅读

第1部分	36. B	37. F	38. E	39. C	40. A
第2部分	41. D	42. C	43. B	44. F	45. A
第3部分	46. ×	47. ×	48. ×	49. ✓	50. ✓
第4部分	51. C	52. F	53. B	54. D	55. A
	56. E	57. D	58. B	59. A	60. C

1 听 力

1 正解 ✓

スクリプト

Tā xiào de shíhou zhēn hǎokàn.
她 笑 的 时候 真 好看。

スクリプト和訳

彼女は笑った時が本当に美しいです。

2 正解 ✗

スクリプト

Nǐ kàn, mén kāizhe ne!
你 看，门 开着 呢！

スクリプト和訳

見て、ドアが開いていますよ！

3 正解 ✗

スクリプト

Zhège xīguā tài dà le.
这个 西瓜 太 大 了。

スクリプト和訳

このスイカは大変大きいです。

4 正解 ✗

スクリプト

Nàge nánháir hěn ài dǎ lánqiú.
那个 男孩儿 很 爱 打 篮球。

スクリプト和訳

あの男の子はバスケットボールをすることが大好きです。

5 正解 ✓

スクリプト

Chī fàn qián tā dōu huì xǐxi shǒu.
吃 饭 前 他 都 会 洗洗 手。

スクリプト和訳

食べる前に彼はいつも手を洗います。

6 正解 ✗

スクリプト

Xuéshēngmen zài jiàoshì lǐ xiě zì.
学生们 在 教室 里 写 字。

スクリプト和訳

学生たちは教室で字を書いています。

7 正解 ✓

スクリプト

Zhuōzi shàng yǒu liǎng ge jīdàn.
桌子 上 有 两 个 鸡蛋。

スクリプト和訳

机の上に2つ卵があります。

スクリプト

Zhè shì Lǐ Yuè de qiānbǐ.
这 是 李 月 的 铅笔。

スクリプト和訳

これは李月さんの鉛筆です。

9 正解 ✗

スクリプト

Yángròu hěn hǎochī, nǐ duō chī diǎnr.
羊肉 很 好吃, 你 多 吃 点儿。

スクリプト和訳

羊肉はおいしいので、あなたはたくさん食べてください。

10 正解 ✓

スクリプト

Jīntiān de bàozhǐ dōu xiě le shénme?
今天 的 报纸 都 写 了 什么 ?

スクリプト和訳

今日の新聞には何が書いてありましたか？

11 正解 E

スクリプト

Mèimei zài zuò shénme ne?
女：妹妹 在 做 什么 呢？

Tā zài xuéxí tiàowǔ.
男：她 在 学习 跳舞。

スクリプト和訳

女：妹さんは何をしていますか？

男：彼女はダンスを勉強しています。

12 正解 B

スクリプト

Liù diǎn sān shí le, qǐchuáng le!
男：六 点 三 十 了，起床 了！

Wǒ hái xiǎng zài shuì shí fēnzhōng.
女：我 还 想 再 睡 十 分钟。

スクリプト和訳

男：6時30分ですよ。起きなさい！

女：私はあと10分間寝たいです。

13 正解 F

スクリプト

Zhè shì wǒ mǎi de yú, zěnmeyàng?
女：这 是 我 买 的 鱼，怎么样？

Búcuò, hěn hǎokàn.
男：不错，很 好看。

スクリプト和訳

女：これは私の買った魚です。いかがですか？

男：なかなか良いですね。きれいです。

第4回

14 正解 C

スクリプト

Māma, wǒmen jīntiān zhōngwǔ chī shénme?
男：妈妈，我们 今天 中午 吃 什么 ？

Chī miàntiáor. Zhè shì nǐ de.
女：吃 面条儿。这 是 你 的。

スクリプト和訳

男：お母さん、私たち今日の昼食は何を食べる？
女：麺を食べましょう。これがあなたのです。

15 正解 A

スクリプト

Xiǎo Wáng, nǐ de shǒujī zěnme le?
女：小 王，你 的 手机 怎么 了？

Wǒ de shǒujī dǎ bù kāi le.
男：我 的 手机 打 不 开 了。

スクリプト和訳

女：王さん、あなたの携帯電話はどうしたのですか？
男：私の携帯電話の電源が入らなくなりました。

16 正解 D

スクリプト

Nǐhǎo, wǒ shì xīn lái de Xiǎo Gāo.
男：你好，我 是 新 来 的 小 高。

Nǐhǎo, hěn gāoxìng néng hé nǐ yìqǐ gōngzuò.
女：你好，很 高兴 能 和 你 一起 工作。

スクリプト和訳

男：こんにちは。私は新しく来た（年少の）高です。
女：こんにちは。あなたと一緒に仕事ができてうれしいです。

Zhège tí zěnme zuò?
女：这个 题 怎么 做 ？

Nǎ yí gè? Shì zhège ma?
男：哪 一 个 ？ 是 这个 吗 ？

スクリプト和訳

女：この問題はどうやって解くのですか？
男：どれのことですか？ これですか？

18 正解 **E**

スクリプト

Xiǎojiě, wǒ néng kànkan zhèkuài shǒubiǎo ma?
男：小姐，我 能 看看 这块 手表 吗 ？

Hǎo de, zhè kuài mài de fēicháng hǎo.
女：好 的，这 块 卖 得 非常 好。

スクリプト和訳

男：(店員に) すみませんが、私はこの腕時計をちょっと見てもいいですか？
女：いいですよ。これはとてもよく売れています。

19 正解 **A**

スクリプト

Méi xiǎngdào nǐ yě lái zhèr pǎobù.
女：没 想到 你 也 来 这儿 跑步。

Shì de, wǒ yě méi xiǎngdào huì zài zhèlǐ kànjiàn nǐ.
男：是 的，我 也 没 想到 会 在 这里 看见 你。

スクリプト和訳

女：あなたもここに来てジョギングしているとは思いもよりませんでした。
男：そうですね。私もここであなたを見かけるとは思いもよりませんでした。

20 正解 **B**

男：<ruby>前面<rt>Qiánmiàn</rt></ruby> <ruby>就<rt>jiù</rt></ruby> <ruby>是<rt>shì</rt></ruby> <ruby>公共<rt>gōnggòng</rt></ruby> <ruby>汽车站<rt>qìchēzhàn</rt></ruby> <ruby>了<rt>le</rt></ruby>，<ruby>我们<rt>wǒmen</rt></ruby> <ruby>去<rt>qù</rt></ruby> <ruby>那儿<rt>nàr</rt></ruby> <ruby>等<rt>děng</rt></ruby> <ruby>车<rt>chē</rt></ruby> <ruby>吧<rt>ba</rt></ruby>。

女：<ruby>我<rt>Wǒ</rt></ruby> <ruby>看见<rt>kànjiàn</rt></ruby> <ruby>了<rt>le</rt></ruby>，<ruby>太<rt>tài</rt></ruby> <ruby>好<rt>hǎo</rt></ruby> <ruby>了<rt>le</rt></ruby>。

スクリプト和訳

男：前にあるのがバス停ですので、私たちはあそこに行ってバスを待ちましょう。

女：見えました。そうするのがいいですね。

第4回

166

21 正解 B

スクリプト

Qiánmiàn zěnme zhème duō rén?
女：前面 怎么 这么 多 人？

Qiánmiàn shì xuéxiào, wǒmen màn yìdiǎnr kāi.
男：前面 是 学校，我们 慢 一点儿 开。

Tāmen zài zuò shénme?
问：他们 在 做 什么？

スクリプト和訳

女：前になぜこんなにたくさん人がいるのですか？

男：前は学校ですから、もう少しゆっくり運転しましょう。

問題：彼らは何をしていますか？

選択肢和訳

A 授業に出席する　　B 車を運転する　　C 切符を買う

22 正解 A

スクリプト

Nǐ juéde nà jiā shūdiàn zěnmeyàng?
男：你 觉得 那 家 书店 怎么样 ？

Yǒu bù shǎo hǎo shū, wǒ qù le hǎojǐ cì, mǎi le hěn duō shū.
女：有 不 少 好 书，我 去 了 好几 次，买 了 很 多 书。

Nàge shūdiàn zěnmeyàng?
问：那个 书店 怎么样 ？

スクリプト和訳

男：あなたはあの書店をどう思いますか？

女：良い本が少なくない（たくさんある）ので、私は何度も行って、たくさん本を買いました。

問題：その書店はどうですか？

選択肢和訳

A なかなか良い　　B 人が多くない　　C 本が少なすぎる

第4回

> **スクリプト**
>
> Hóngrì bīnguǎn zěnme zǒu?
> 女：红日 宾馆 怎么 走？
>
> Qiánmiàn jiù shì. Kànjiàn le ma?　　Jiù zài nàr.
> 男：前面 就 是。看见 了 吗？　　就 在 那儿。
>
> Nǚ de xiǎng qù nǎr?
> 问：女 的 想 去 哪儿？
>
> **スクリプト和訳**
>
> 女：紅日ホテルはどうやって行きますか？
> 男：前方がそうです。見えますか？　あちらですよ。
> 問題：女性はどこに行きたいのですか？

選択肢和訳

A 駅　　B ホテル　　C 店

24 正解 **C**

> **スクリプト**
>
> Yīyuàn pángbiān de nàge shāngdiàn shì shàngwǔ jiǔ diǎn kāimén ma?
> 男：医院 旁边 的 那个 商店 是 上午 九 点 开门 吗？
>
> Bú shì, shí diǎn kāimén.
> 女：不 是，十 点 开门。
>
> Nàge shāngdiàn jǐ diǎn kāimén?
> 问：那个 商店 几 点 开门？
>
> **スクリプト和訳**
>
> 男：病院のそばのあのお店は午前9時に開きますか？
> 女：いいえ。10時に開きます。
> 問題：その店は何時に開きますか？

選択肢和訳

A 8：00　　B 9：00　　C 10：00

25 正解 A

スクリプト

Nǐ néng tīngdǒng wǒ shuō de huà ma?　　Shìbúshì tài kuài le?
女：你 能 听懂 我 说 的 话 吗？　是不是 太 快 了？

Bú kuài, wǒ néng tīngdǒng.
男：不 快，我 能 听懂。

Nán de juéde nǚ de shuō de zěnmeyàng?
问：男 的 觉得 女 的 说 得 怎么样 ？

スクリプト和訳

女：あなたは私の話す話を聞いて理解できますか？　速すぎますか？

男：速くないです。私は聞いて理解できます。

問題：男性は女性の話をどう思っていますか？

選択肢和訳

A　速くない　　B　大変遅い　　C　聞いて分からない

26 正解 C

スクリプト

Xiǎo Hóng, kuài kàn, xià xuě le!
男：小 红，快 看，下 雪 了！

Tài piàoliang le!　　Wǒ jiā nàr hěn shǎo xià xuě.
女：太 漂亮 了！ 我 家 那儿 很 少 下 雪。

Jīntiān tiānqì zěnmeyàng?
问：今天 天气 怎么样 ？

スクリプト和訳

男：紅さん、早く来てごらん、雪が降っています！

女：大変きれいですね！　私の家の方（故郷）では雪はほとんど降りません。

問題：今日の天気はどうですか？

選択肢和訳

A　暑い　　B　雨が降る　　C　雪が降る

第4回

> **スクリプト**

　Xiànzài wǒ de Hànyǔ hǎo duō le, xièxie nín de bāngzhù.
女：现在 我 的 汉语 好 多 了，谢谢 您 的 帮助。

　Bú kèqi, yǒu shénme wèntí kěyǐ zài wèn wǒ.
男：不 客气，有 什么 问题 可以 再 问 我。

　Nán de bāngzhù nǚ de zuò le shénme?
问：男 的 帮助 女 的 做 了 什么 ？

> **スクリプト和訳**

　女：今の私の中国語は上手になりました。私をサポートしてくださってありがとうございます。

　男：どういたしまして。何か質問がありましたらまた私に聞いてください。

　問題：男性は女性が何をすることをサポートしましたか？

> **選択肢和訳**

A　中国語を習う　　B　歌を習う　　C　ダンスを習う

28 正解 **A**

> **スクリプト**

　Nǐ jīntiān zěnme zhème gāoxìng, yǒu shénme hǎo shì ma?
男：你 今天 怎么 这么 高兴，有 什么 好 事 吗 ？

　Érzi kǎoshì kǎole dì-yī!
女：儿子 考试 考了 第一 ！

　Nǚ de wèi shénme gāoxìng?
问：女 的 为 什么 高兴 ？

> **スクリプト和訳**

　男：あなたは今日、どうしてこんなにうれしそうなのですか？　何か良いことがあったのですか？

　女：息子がテストで1番をとったのです！

　問題：女性はどうしてうれしいのですか？

> **選択肢和訳**

A　息子のテストの成績が良かった　　B　彼女はテストで1番をとった
C　今日は彼女の誕生日だ

Nínhǎo, nín shì Lǐ lǎoshī ma?
女：您好，您是李老师吗？

Wǒ shì lǎoshī, dàn wǒ bú xìng Lǐ, wǒ xìng Wáng.
男：我是老师，但我不姓李，我姓王。

Nán de shì zuò shénme gōngzuò de?
问：男的是做什么工作的？

スクリプト和訳

女：こんにちは。あなたは李先生でいらっしゃいますか？

男：私は教師ですが、苗字は李ではなく、私の苗字は王です。

問題：男性はどんな仕事をしていますか？

選択肢和訳

A 医者　　B 教師　　C 店員

30 正解 C

スクリプト

Wǒ chūqù mǎi diǎnr dōngxi.
男：我出去买点儿东西。

Hǎo de, wàimiàn lěng, nǐ duō chuān diǎnr.
女：好的，外面冷，你多穿点儿。

Nǚ de ràng nán de zěnme zuò?
问：女的让男的怎么做？

スクリプト和訳

男：私はちょっと買い物をしてきます。

女：分かりました。外は寒いので、多めに服を着てください。

問題：女性は男性にどうするように言いましたか？

選択肢和訳

A 多めに食べる　　B 多めに買う　　C 多めに着る

31 正解 C

スクリプト

Nǐ hǎo, fúwùyuán.
男：你 好，服务员。

Lái le, xiānsheng. Yǒu shénme kěyǐ bāng nín de?
女：来 了，先生。有 什么 可以 帮 您 的？

Zài lái yì bēi niúnǎi, xièxie.
男：再 来 一 杯 牛奶，谢谢。

Hǎo de, bú kèqi.
女：好 的，不 客气。

Nán de xiǎng yào shénme?
问：男 的 想 要 什么？

スクリプト和訳

男：こんにちは。店員さん。

女：お待たせしました（男性のお客様）。何かお手伝いしましょうか？

男：牛乳をもう1杯ください。お願いします。

女：分かりました。どういたしまして。

問題：男性は何が欲しいのですか？

選択肢和訳

A　コーヒー　　B　ミルクティー　　C　牛乳

32 　正解 B

スクリプト

女：Nàge zhèng zài shuōhuà de nǚháir shì Yuèyue ba?
那个 正在 说话 的 女孩儿 是 月月 吧？

男：Shì Yuèyue. Hé tā shuōhuà de nàge rén shì shéi? Nǐ rènshi ma?
是 月月。和 她 说话 的 那个 人 是 谁？ 你 认识 吗？

女：Rènshi, nà shì tā jiějie.
认识，那 是 她 姐姐。

男：Tā jiějie zhēn gāo!
她 姐姐 真 高！

问：Yuèyue de jiějie zěnmeyàng?
月月 的 姐姐 怎么样 ？

スクリプト和訳

女：今話しているあの女の子は月月さんですよね？
男：はい。月月さんです。彼女と話している人は誰ですか？ あなたはご存じですか？
女：知っています。あの人は彼女のお姉さんです。
男：彼女のお姉さんは本当に背が高いですね！
問題：月月の姉はどうですか（どんな人ですか）？

選択肢和訳 A　白い　　B　（背が）高い　　C　美しい

33 　正解 C

スクリプト

男：Zuótiān nǐ shìbúshì qù Běijīnglù le?
昨天 你 是不是 去 北京路 了？

女：Duì, wǒ hé wǒ zhàngfu qù nàr kàn fángzi le.
对，我 和 我 丈夫 去 那儿 看 房子 了。

男：Nàr de fángzi zěnmeyàng?
那儿 的 房子 怎么样 ？

女：Kànshàngqù hěn hǎo, fángjiān fēicháng dà.
看上去 很 好，房间 非常 大。

问：Nǚ de zuótiān zuò shénme le?
女 的 昨天 做 什么 了？

スクリプト和訳

男：昨日あなたは北京路に行きましたね？
女：はい。私と夫はそこに家を見に行きました。
男：そこの家はどうでしたか？
女：見た感じはいいし、部屋もとても大きいです。
問題：女性は昨日何をしましたか？

選択肢和訳 A　服を買う　　B　パソコンを買う　　C　家を見る

第4回

スクリプト

Jīntiān shì nǐ de shēngrì?
女：今天 是 你 的 生日 ？

Shì de, nǐ zěnme zhīdào de?
男：是 的，你 怎么 知道 的 ？

Xiǎo Zhāng gàosu wǒ de. Shēngrì kuàilè!
女：小 张 告诉 我 的。生日 快乐 ！

Xièxie nǐ.
男：谢谢 你。

Jīntiān shì shéi de shēngrì?
问：今天 是 谁 的 生日 ？

スクリプト和訳

女：今日はあなたの誕生日ですか？

男：そうですが、どうして分かったのですか？

女：張さんが私に教えてくれたのです。お誕生日おめでとう！

男：ありがとう。

問題：今日は誰の誕生日ですか？

選択肢和訳

A 男性　　B 女性　　C 張さん

正解 **B**

Lǐ Shí shénme shíhou lái gōngsī de?
男：李时 什么 时候 来 公司 的？

Yí gè yuè qián.
女：一 个 月 前。

Wǒ xiǎng ràng tā zuò zhège gōngzuò, nǐ juéde tā néng zuò hǎo ma?
男：我 想 让 他 做 这个 工作，你 觉得 他 能 做 好 吗？

Wǒ juéde tā hái yào duōduō xuéxí.
女：我 觉得 他 还 要 多多 学习。

Nǚ de shì shénme yìsi?
问：女 的 是 什么 意思？

スクリプト和訳

男：李時さんはいつ会社に来ましたか？

女：1か月前です。

男：私は彼にこの仕事をお願いしたいのですが、彼はうまくやれるとあなたは思いますか？

女：私は、彼はまだたくさん学ぶ必要があると思います。

問題：女性はどういう考えですか？

選択肢和訳

A 李時さんは学校に通っている　　B 李時さんは（仕事が）うまくできない

C 李時さんは仕事が多い

2 閲 読

第 1 部分 | 問題 p.63

36 正解 B

(問題文和訳)

これはあなたにあげるわ。気に入ってくれるといいな。

解説 "给" は介詞で、後ろに対象を取って「〜を与える、あげる」の意味。何か物をあげている写真Bを選択。

37 正解 F

(問題文和訳)

（男性の）お客様、（女性の）お客様、コーヒーをお持ちしました。

解説 "先生" は男性の敬称、"小姐" は若い女性を表す。"咖啡" と言っていることから、Fを選択。

38 正解 E

(問題文和訳)

あなたはこの状況をどう考えますか？ ちょっと話してもらえませんか？

解説 "怎么看" は「どのように考える」の意味。"能" は「許される、してもよい」としても用いられるので、Eを選択。

39 正解 C

(問題文和訳)

（医師に）先生、私に薬を処方してくださいませんか。

解説 "医生" は医師のこと。Cを選択。"请你帮我〜" で「〜してくれませんか」の意味。"开药" は「薬を処方する」の意味。

40 正解 **A**

問題文和訳

お聞きしますが、これらの果物はおいくらですか？

解説 "水果"は「果物」の意味。値段を尋ねる表現「多少钱?」からAを選択。

【選択肢和訳】

A （列車の）駅　　　　　B　送る、贈る　　　　C　終わる
D　～時間　　　　　　　E　高価だ　　　　　　F　晴れ

41　正解 D

【問題文和訳】

楽楽は今日スポーツを2［時間］するつもりだ。

> 解説　量詞 "个" に続くのは名詞だが、"准备运动" からD "小时" を選択。"准备" はここでは「計画する」の意味。

42　正解 C

【問題文和訳】

食事が［終わったら］お父さんに電話をしてください。あなたのことを恋しがっています。

> 解説　"完" は動詞だが、動詞の後ろにつくと、その動詞の結果を導く補語となり、「～し終わる、～してしまう」の意味になる。"吃完" で「～を食べ終わる」の意味。よってCを選択。

43　正解 B

【問題文和訳】

この『百家姓』という本は、同級生が私に［贈ってくれた］ものです。

> 解説　"是…的" 構文の…部分は、すでに実現したことを強調して述べる。"送" は「人や物を届ける、運送する」以外に「プレゼントする、贈る」という意味でも用いられる。よってBを選択。

44 正解 F

昨日は曇りでしたが、今日は［晴れ］ました。

解説 "昨天"、"今天" とあること、前半は "阴天"、後半は文末に変化の "了" があることから、天気が変化したことが分かる。天気を示し、かつ "阴天" に対応するFを選択。

45 正解 A

問題文和訳

女：もしもし、私たちは泳ぎに行きたいのですが、あなたは行きますか？

男：行かないことにします。私は今［（列車の）駅］にいて、9時の列車で北京に行きます。

解説 存在を表す動詞 "在" は、後ろに場所を表す名詞が入る。Aを選択。

46 正解 ✕

（問題文和訳）

皆さん、こんにちは。私からご紹介いたします。この方は私の親友で王遠さんです。彼は今、北京大学で勉強しています。

★ 話し手は、北京大学の紹介をしている。

解説 話し手は自分の "好朋友"「親友」の紹介をしているので★の文と合致しない。

47 正解 ✕

（問題文和訳）

私と妻は先週、中国に旅行に行きましたが、そこの品物はどれも高くないので、たくさん買ってしまいました。

★ 話し手は中国で買い物をしなかった。

解説 "买了不少" なので「たくさん買った」ことになり、★の文と合致しない。なお、"上个星期" は「先週」の意味。「来週」は "下个星期" となる。

48 正解 ✕

（問題文和訳）

私は子供の頃に、テレビや携帯電話をたくさん見すぎましたので、今は目があまり良くありません。

★ 話し手は子供の頃に携帯電話で遊ばなかった。

解説 話し手は "看得太多了" と言っている。またその結果として "现在眼睛不太好" とも言っているので、★の文と合致しない。

49 正解

問題文和訳

高さん、あなたの料理は実においしいです。私はこんなにおいしい料理を長いこと食べたことがありません。

★ 高さんは料理を作るのがとても上手だ。

> **解説** "你做的饭真好吃"と言われているので★の文に合致する。

50 正解

問題文和訳

この赤い服は黒の（服）よりちょっと良いでしょう？　赤い方を買おうと思うけれど、どう思いますか？

★ 話し手は赤い服を買いたい。

> **解説** "件"は服を数える量詞で「〜着」の意味。"不是比黑的好一点儿"は比較の形「"A比B"＋形容詞」「AはBより〜だ」を反語の"不是〜?""〜じゃない?」を使って強調している。つまり話し手は、この赤い服は黒い服よりも少し良いと思っているので★の文に合致する。

第4回

51 - 55

選択肢和訳

A あなたは日曜日のいつ空港に行きますか？

B でも私はそれがとても好きです。

C この質問は良いですが、誰が彼に教えられますか？

D そこ（その映画館）のチケットは安いからです。

E 彼はどこにいますか？　あなたは彼を見かけましたか？

F あなたは昨日どうして出勤しなかったのですか？

51　正解 C

問題文和訳

どうしてこう書いたら間違いなのですか？

> 解説　書いた内容がなぜ誤りなのかという質問。学生であることが想像できるので、これに対して、教師が"这个问题很好"「この質問は良いです」と答えているCを選択。

52　正解 F

問題文和訳

私は病気になったので、病院に行きました。

> 解説　"生病了"で「病気になる」の意味。原因や理由を尋ねる"怎么"があるFを選択。"生病了"がその理由にあたる。

53　正解 B

問題文和訳

このコップは何年も前に買ったものではありますが。

> 解説　"虽然A但是B"の形で「AではあるけれどもB」の意味。対応するBを選択。

54 正解 D

たくさんの人がここによく映画を観に来ます。

（解説）“看电影”は「映画を観る」の意味。理由を示す“因为”があり、“票”は電車や映画の「チケット」であることからDを選択。

55 正解 A

（問題文和訳）

7：00ですね。私の家はあそこからそれほど遠くありません。

（解説）介詞“离”は「〜から、まで」の意味。時間と場所の話題を探す。時間を尋ねる“什么时候”のあるAを選択。

56 - 60

（選択肢和訳）

A　それでは私たちは入りましょうか。先生がもうすぐいらっしゃいます。

B　やめておきます。私は友達とサッカーをしに行く予定です。

C　彼のそばにいるのは私の父です。

D　あなたは仕事が大変忙しいので、もっと休まないといけません。

E　お母さんは寝ています。彼女は大変疲れています。

56 正解 E

（問題文和訳）

あなたたちはおしゃべりをしてはいけません。

（解説）“别”は禁止の助動詞。話してはいけない理由である“在睡觉”「寝ている」のあるEを選択。「“（正）在”＋動詞＋“（呢）”」の形で現在進行形を表す。

57　正解 D

問題文和訳

去年から、私の体調があまり良くなくなりました。

> **解説** 体調があまり良くなくなったのはなぜかを考える。"工作太忙了" とあるDを選択。「"太"＋形容詞＋"了"」で「大変～/～すぎる」の意味。

58　正解 B

問題文和訳

夜、歌いに行きませんか？

> **解説** 誘いに対する返答を探す。否定の "不了"「行けない」があるBを選択。

59　正解 A

問題文和訳

私たちは8：00に授業ですが、今はもう7：50です。

> **解説** "上课" は「授業に出席する」の意味。学校の話題に関する答えAを選択。

60　正解 C

問題文和訳

一番左のあの人は私の弟です。

> **解説** 人物の説明をしているものを選ぶ。Cを選択。

第4回

2級 第5回
解答・解説

正解一覧

1. 听 力

第1部分	1. ✓	2. ×	3. ✓	4. ✓	5. ×
	6. ✓	7. ✓	8. ×	9. ×	10. ×
第2部分	11. E	12. F	13. C	14. B	15. A
	16. C	17. D	18. B	19. E	20. A
第3部分	21. A	22. B	23. A	24. A	25. A
	26. B	27. C	28. A	29. A	30. C
第4部分	31. A	32. C	33. C	34. C	35. B

2. 阅 读

第1部分	36. C	37. F	38. B	39. E	40. A
第2部分	41. B	42. A	43. F	44. D	45. C
第3部分	46. ✓	47. ×	48. ×	49. ✓	50. ×
第4部分	51. F	52. A	53. C	54. D	55. B
	56. B	57. C	58. E	59. A	60. D

1 听 力

第 1 部分 | 問題 p.70 21K2Q5-1

1 正解 ✓

スクリプト

Qǐng wèn wǒ kěyǐ jìnlái ma?
请 问 我 可以 进来 吗？

スクリプト和訳

お尋ねしますが、私は入ってもいいですか？

2 正解 ✗

スクリプト

Gēge hé tóngxué qù tī zúqiú le.
哥哥 和 同学 去 踢 足球 了。

スクリプト和訳

兄は同級生とサッカーをしに行きました。

3 正解 ✓

スクリプト

Érzi, bié pǎo nàme kuài, màn diǎnr.
儿子，别 跑 那么 快，慢 点儿。

スクリプト和訳

（息子に）ほら、そんなに早く走らないで、ゆっくりね。

4 正解 ✓

スクリプト

Yǐzi shàng de yīfu dōu shì yào xǐ de.
椅子 上 的 衣服 都 是 要 洗 的。

スクリプト和訳

椅子の上の服は全部洗わなくてはならないものです。

5 正解 ✗

スクリプト

Tāmen yǐjīng dào bīnguǎn le.
他们 已经 到 宾馆 了。

スクリプト和訳

彼らはすでにホテルに着きました。

6 正解 ✓

スクリプト

Wǒ hái méi chī wán, nǐ děng wǒ jǐ fēnzhōng ba.
我 还 没 吃 完, 你 等 我 几 分钟 吧。

スクリプト和訳

私はまだ食べ終わっていませんので、あなたは数分待ってください。

7 正解 ✓

スクリプト

Nǐ de xīn shǒujī hěn guì ba?
你 的 新 手机 很 贵 吧？

スクリプト和訳

あなたの新しい携帯電話は高いですか？

8 正解 ✕

Gōnggòng qìchē lái le, míngtiān jiàn.
公共 汽车 来 了，明天 见。

バスが来ましたので、また明日会いましょう。

9 正解 ✕

Zhè běn shū zhēn yǒu yìsi.
这 本 书 真 有 意思。

この本は本当に面白いです。

10 正解 ✕

Jīntiān zhēn lěng, kuài lái hē bēi rèchá.
今天 真 冷，快 来 喝 杯 热茶。

今日は本当に寒いので、早く熱いお茶を飲んでください。

11 正解 E

スクリプト

Jīntiān de bàozhǐ jièshào le wǒmen gōngsī.
女：今天 的 报纸 介绍 了 我们 公司。

Shì ma?　　Ràng wǒ kànkan.
男：是 吗?　让 我 看看。

スクリプト和訳

女：今日の新聞が私たちの会社のことを紹介しています。

男：そうなんですか?　私にちょっと見せてください。

12 正解 F

スクリプト

Zuówǎn méi shuì hǎo ma?
男：昨晚 没 睡 好 吗?

Wǒ nǚ'ér shēngbìng le, wǒ shuì le bú dào sān ge xiǎoshí.
女：我 女儿 生病 了, 我 睡 了 不 到 三 个 小时。

スクリプト和訳

男：昨日の夜はよく眠れなかったのですか?

女：娘が病気になったので、私は眠った時間が3時間に満たなかったのです（3時間も眠れなかったのです）。

13 正解 C

スクリプト

Nǐ jiā yǒu yī, èr, sān, sì, wǔ zhī māo!
女：你 家 有 一、二、三、四、五 只 猫 !

Duì, nà zhī shì māomāma, zhè sì zhī shì tā de háizi.
男：对, 那 只 是 猫妈妈, 这 四 只 是 它 的 孩子。

スクリプト和訳

女：あなたの家には1、2、3、4、5匹の猫がいるのですね !

男：そうです。あれが母猫で、この4匹は彼女の子供です。

> スクリプト

Yǒu shénme yào wǒ zuò de ma?
男：有 什么 要 我 做 的 吗 ?

Bāng wǒ xǐxi cài ba.
女：帮 我 洗洗 菜 吧。

> スクリプト和訳

男：私に手伝ってほしいことは何かありますか？
女：野菜を洗うのを手伝ってください。

15 正解 **A**

> スクリプト

Wǒ chuān nǎ jiàn yīfu hǎo?
女：我 穿 哪 件 衣服 好 ?

Yòubiān nà jiàn.
男：右边 那 件。

> スクリプト和訳

女：私はどの服を着たらいいですか？
男：右のそれです。

16 正解 **C**

> スクリプト

Hái yào mǎi shénme dōngxi ma?
男：还 要 买 什么 东西 吗 ?

Wǒmen zài qù nàbiān kànkan, jiā lǐ de mǐ yě bù duō le.
女：我们 再 去 那边 看看, 家 里 的 米 也 不 多 了。

> スクリプト和訳

男：まだ何か買いたいのですか？
女：私たちはまたあそこに行って見てみましょう。家のお米も少なくなってきました。

Zhè shàngmiàn de zì tài xiǎo le, kàn de yǎnjing hǎo lèi.
女：这　上面　的字太小了，看得眼睛好累。

Nǐ xiūxi yíhuìr zài kàn.
男：你休息一会儿再看。

女：この上の文字は大変小さいので、見ていて目がとても疲れました。

男：ちょっと休んでからまた見てください。

Nǐ zuò de yú zhēn hǎochī!
男：你做的鱼真好吃！

Xièxie, nà nǐ jiù duō chī diǎnr.
女：谢谢，那你就多吃点儿。

男：あなたの作った魚料理は本当においしいですね！

女：ありがとう。ではたくさん食べてください。

Zhèyàng kěyǐ ma?
女：这样　可以吗？

Hěn hǎo, kàn wǒ zhèr, xiàoyíxiào.
男：很好，看我这儿，笑一笑。

女：こんな感じでいいですか？

男：良いです。私の方を見て、笑ってみてください。

第5回

スクリプト

Néng gàosu bàba nǐ wèi shénme bù gāoxìng ma?
男：能 告诉 爸爸 你 为 什么 不 高兴 吗 ？

Wǒ xiǎng māma le, tā shénme shíhou huílái?
女：我 想 妈妈 了，她 什么 时候 回来 ？

スクリプト和訳

男：君はどうしてそんなに機嫌が悪いのかお父さんに教えてくれるかい？

女：私はお母さんが恋しくなっちゃった。お母さんはいつ帰って来るの？

21 正解 A

スクリプト

Xià gè xīngqī wǒmen dōu bú zài jiā, xiǎo gǒu zěnmebàn?
女：下 个 星期 我们 都 不 在 家，小 狗 怎么办 ？

Kànkan néngbùnéng sòng dào māma nàr.
男：看看 能不能 送 到 妈妈 那儿。

Tāmen xiǎng sòng xiǎo gǒu qù nǎr?
问：他们 想 送 小 狗 去 哪儿？

スクリプト和訳

女：来週私たちは皆家にいないので、子犬はどうしましょう？
男：母のところに預けられるか聞いてみます。
問題：彼らは子犬をどこに預けたいですか？

選択肢和訳

A 母の家　　B 姉の家　　C 友達の家

22 正解 B

スクリプト

Jīntiān yángròu mài de zhème piányi, wǒmen zhōngwǔ chī yángròu zěnmeyàng?
男：今天 羊肉 卖 得 这么 便宜，我们 中午 吃 羊肉 怎么样 ？

Wǒ bú huì zuò yángròu, bú yào le ba.
女：我 不 会 做 羊肉，不 要 了 吧。

Nǚ de shì shénme yìsi?
问：女 的 是 什么 意思？

スクリプト和訳

男：今日は羊肉をこんなに安く売っているので、私たちはお昼に羊肉を食べるのはどうですか？
女：私は羊肉の料理はできないので、やめておきましょう。
問題：女性が言っているのはどういう意味ですか？

選択肢和訳

A レストランで食べる　　B 羊肉を買わない　　C 野菜をたくさん買った

第5回

193

23 正解 A

女：你 说 的 那个 药店 远 吗？ 要 开车 吗？
Nǐ shuō de nàge yàodiàn yuǎn ma? Yào kāichē ma?

男：不 远，走路 十 多 分钟 就 到。
Bù yuǎn, zǒulù shí duō fēnzhōng jiù dào.

问：他们 怎么 去 药店？
Tāmen zěnme qù yàodiàn?

女：あなたの言っている薬局は遠いですか？ 車で行く必要がありますか？

男：遠くありません。歩いて10分間ちょっとで着きます。

問題：彼らはどうやって薬局に行きますか？

A 歩く　　B 車を運転する　　C タクシーに乗る

24 正解 A

男：晚上 我 去 你 家 那边 打 球，下班 一起 走 吧。
Wǎnshàng wǒ qù nǐ jiā nàbiān dǎ qiú, xiàbān yìqǐ zǒu ba.

女：好，六 点 见。
Hǎo, liù diǎn jiàn.

问：男 的 下班 后 准备 去 做 什么？
Nán de xiàbān hòu zhǔnbèi qù zuò shénme?

男：夜、私はあなたの家の辺りに球技をしに行くので、仕事が終わったら一緒に行き
　　ましょう。

女：いいですよ。6時に会いましょう。

問題：男性は退勤後に何をしに行くつもりですか？

A 球技をする　　B 授業に出席する　　C パソコンを買う

25 　正解 A

スクリプト

Qián jǐ tiān zěnme méi jiàn nǐ lái chànggē?
女：前 几 天 怎么 没 见 你 来 唱歌？

Wǒ shēngbìng le, zài jiā xiūxi.
男：我 生病 了，在 家 休息。

Nán de wèi shénme méi qù chànggē?
问：男 的 为 什么 没 去 唱歌？

スクリプト和訳

女：この数日間、どうして歌いに来なかったのですか？

男：病気になったので、家で休んでいました。

問題：男性はどうして歌いに行かなかったのですか？

選択肢和訳

A　病気になった　　B　大変忙しかった　　C　旅行に行った

26 　正解 B

スクリプト

Nǐ gōngzuò zhǎo de zěnmeyàng le?
男：你 工作 找 得 怎么样 了？

Hái zài zhǎo ne.
女：还 在 找 呢。

Nǚ de zuìjìn zài zuò shénme?
问：女 的 最近 在 做 什么 ？

スクリプト和訳

男：仕事探しはどうですか？

女：まだ探していますよ。

問題：女性は最近、何をしていますか？

選択肢和訳

A　中国語を勉強している　　B　仕事を探している　　C　ダンスを習っている

第5回

195

Zhè shì péngyou sòng wǒ de diànyǐngpiào dàn wǒ méi shíjiān qù.
女：这 是 朋友 送 我 的 电影票，但 我 没 时间 去。

Shì jīnwǎn de ma? Wǒ yǒu shíjiān, gěi wǒ ba.
男：是 今晚 的 吗? 我 有 时间，给 我 吧。

Nán de wèn nǚ de yào shénme?
问：男 的 问 女 的 要 什么?

女：これは友達が私にくれた映画のチケットですが、私は行く時間がありません。

男：今夜ですか? 私は時間がありますので、私にくださいよ。

問題：男性は女性に何が欲しいと聞きましたか?

A 本 B コップ C 映画のチケット

Nǐ yóu de zhēn hǎo!
男：你 游 得 真 好!

Xièxie, wǒ cóng xiǎo jiù kāishǐ xué yóuyǒng le.
女：谢谢，我 从 小 就 开始 学 游泳 了。

Nǚ de shì shénme yìsi?
问：女 的 是 什么 意思?

男：あなたは泳ぐのが本当に上手ですね!

女：ありがとう。私は小さい頃から泳ぎを習っていました。

問題：女性が言っているのはどういう意味ですか?

A 水泳を習ったことがある B 試験に行っていない C 運動が好きではない

正解 **A**

女：你 妻子 身体 好些 了 吗？
Nǐ qīzi shēntǐ hǎoxiē le ma?

男：已经 好 多 了，谢谢 你 给 我 介绍 李 医生。
Yǐjīng hǎo duō le, xièxie nǐ gěi wǒ jièshào Lǐ yīshēng.

问：女 的 给 男 的 介绍 了 谁？
Nǚ de gěi nán de jièshào le shéi?

スクリプト和訳

女：奥様のお体は良くなりましたか？

男：もうだいぶ良くなりました。（医師の）李先生を紹介してくださってありがとうご
　　ざいます。

問題：女性は男性に誰を紹介しましたか？

選択肢和訳

A　（医師の）李先生　　　B　（教師の）王先生　　　C　（女性の）李さん

30 正解 **C**

スクリプト

男：对了，女儿 让 我们 给 她 买 铅笔。
Duìle, nǚér ràng wǒmen gěi tā mǎi qiānbǐ.

女：好，她 要 多少？
Hǎo, tā yào duōshao?

问：他们 可能 在 哪儿？
Tāmen kěnéng zài nǎr?

スクリプト和訳

男：そういえば、娘が鉛筆を買ってくれと言っていたよ。

女：分かったわ。彼女はいくつほしいの？

問題：彼らはどこにいる可能性がありますか？

選択肢和訳

A　レストラン　　　B　空港　　　C　店

第5回

197

31 正解 A

スクリプト

Wèi, Zhāng Lù zài ma?
男：喂，张 路 在 吗？

Tā chūqù le, qǐng wèn nín shì?
女：她 出去 了，请 问 您 是？

Wǒ shì tā gēge, děng tā huílái le qǐng ràng tā huí gè diànhuà.
男：我 是 她 哥哥，等 她 回来 了 请 让 她 回 个 电话。

Hǎo de, méi wèntí.
女：好 的，没 问题。

Nán de xīwàng Zhāng Lù zuò shénme?
问：男 的 希望 张 路 做 什么？

スクリプト和訳

男：もしもし、張路はいますか？

女：彼女は出かけています。すみませんがどなたでしょうか？

男：私は彼女の兄で、彼女が戻ったら電話するように言ってもらえませんか。

女：わかりました。問題ありません。

問題：男性は張路（妹）に何をしてもらいたいですか？

選択肢和訳

A　電話を折り返す　　B　早く起きてジョギングをする　　C　帰宅してご飯を食べる

32 正解 **C**

　　　Nǐ tīng, wàimiàn shìbúshì xià yǔ le?
女：你 听, 外面 是不是 下 雨 了？

　　　Shì de, dàn bú tài dà.
男：是 的, 但 不 太 大。

　　　Nà wǒmen hái chūqù ma?
女：那 我们 还 出去 吗？

　　　Chūqù ba, nǐ duō chuān jiàn yīfu.
男：出去 吧, 你 多 穿 件 衣服。

　　　Xiànzài tiānqì zěnmeyàng?
问：现在 天气 怎么样？

　女：ほら、聞いてみてください。外は雨が降っているのではないですか？
　男：そうですね。しかしそれほど強くは降っていません。
　女：それでは私たちはやはり出かけますか？
　男：出かけましょう。あなたは服を多めに着てください（厚着してください）。
問題：今の天気はどうですか？

選択肢和訳 A　晴れ　　B　曇り　　C　雨が降っている

---

33 正解 **C**

　　　Zhè shì nǐ xiě de? Nǐ de zì zhēn piàoliang!
男：这 是 你 写 的？ 你 的 字 真 漂亮！

　　　Xièxie, wǒ měitiān dōu yào xiě yì xiǎoshí zì.
女：谢谢, 我 每天 都 要 写 一 小时 字。

　　　Měitiān dōu xiě?
男：每天 都 写？

　　　Duì, yīnwèi wǒ xǐhuan zhè jiàn shì, wǒ jiù yào zuò dào zuì hǎo.
女：对, 因为 我 喜欢 这 件 事, 我 就 要 做 到 最 好。

　　　Nǚ de měitiān dōu yào zuò shénme?
问：女 的 每天 都 要 做 什么？

　男：これはあなたが書いたのですか？　あなたの字は本当に美しいです！
　女：ありがとう。私は毎日1時間字を書いていますから。
　男：毎日書いているのですか？
　女：はい。私はこういうことが好きなので、ベストを尽くしています。
問題：女性は毎日何をしていますか？

選択肢和訳 A　本を読む　　B　テレビを見る　　C　1時間字を書く

34 正解 **C**

スクリプト

女：这 件 衣服 有 两 个 颜色，买 哪 件 呢？
Zhè jiàn yīfu yǒu liǎng ge yánsè, mǎi nǎ jiàn ne?

男：现在 天 这么 热，买 白色 的 吧。
Xiànzài tiān zhème rè, mǎi báisè de ba.

女：但是 我 已经 有 很 多 白色 的 衣服 了。
Dànshì wǒ yǐjīng yǒu hěn duō báisè de yīfu le.

男：那 就 买 黑色 的，你 穿 也 很 好看。
Nà jiù mǎi hēisè de, nǐ chuān yě hěn hǎokàn.

问：女 的 为 什么 不 想 买 白 的？
Nǚ de wèi shénme bù xiǎng mǎi bái de?

スクリプト和訳

女：この服は2色あるけれど、どちらを買おうかな？
男：今は天気がこんなに暑いから、白のを買ったら。
女：でも私はもうたくさん白い服を持っているのよ。
男：じゃあ黒のを買いなよ、君は（黒を）着ても似合うよ。
問題：女性はどうして白の（白い服）を買いたくないのですか？

選択肢和訳

A　大変値段が高い　　B　洗いにくい　　C　白い服が多い

スクリプト

Zhè shì nǐ de fángjiān, wǒ jiù zhù pángbiān sānlíngèr.
男：这 是 你 的 房间，我 就 住 旁边 三〇二。

Hǎo de, xièxie.
女：好 的，谢谢。

Yǒu shì kěyǐ jiào wǒ, zǎo diǎnr xiūxi.
男：有 事 可以 叫 我，早 点儿 休息。

Hǎo, míngtiān jiàn.
女：好，明天 见。

Tāmen kěnéng zài nǎr?
问：他们 可能 在 哪儿？

スクリプト和訳

男：ここがあなたの部屋で、私は隣の302号室に泊まります。

女：分かりました。ありがとう。

男：何かあったら私を呼んでください。早く休んでくださいね。

女：分かりました。また明日会いましょう。

問題：彼らはどこにいる可能性がありますか？

選択肢和訳

A　会社　　B　ホテル　　C　教室

2 閲 読

第 1 部分 | 問題 p.75

36 正解 C

（問題文和訳）

部屋の中が大変暑いです。ドアを開けておきましょう。

解説 「"太"+形容詞+"了"」で「大変〜/〜すぎる」と形容詞の程度を強調する。本文に合致するCを選択。なお、「動詞+"着"」で状態の持続「〜ている」の意味。

37 正解 F

（問題文和訳）

医者は私に明日退院してよいと言いました。

解説 "可以" には「〜してよい」という許可の表現もある。"医生" は「医者」であることからFを選択。なお "可以" の否定「してはいけない」は "不可以" で、禁止の場合は "不能" も用いる。

38 正解 B

（問題文和訳）

ちょっと腕時計を見て今何時か教えてくれませんか？

解説 "手表" は「腕時計」である。「"帮"+人+動詞」で「〜のために（を手伝って）…する」の意味。時間を尋ねる "几点?" からBを選択。

39 正解 E

（問題文和訳）

このことは誰にも言わないでね。

解説 "不要" は禁止の意味を表す副詞、"说出去" は「広く言いふらす」の意味がある。Eを選択。

40 正解 **A**

この机は高すぎるので、この上で字を書くと疲れます。

解説 "桌子" は「机」、「"太"＋形容詞＋"了"」で「大変〜/〜すぎる」の意味。本文に合致するＡを選択。

選択肢和訳

A　その通りだ	B　後ろ	C　部屋
D　笑う	E　高価だ	F　最初の

41 正解 B

問題文和訳

［後ろの方に］行くのをやめて、私たちはここに座りましょう。

解説 「"往"＋方位詞・場所＋動詞」で「〜の方…する」「〜に向かって…する」の意味。方位を表すBを選択。

42 正解 A

問題文和訳

あなたのおっしゃる［通り］です。なぜ私は思いつかなかったのでしょう？

解説 「動詞／形容詞＋補語"得"」で、「〜している／〜な様子が…だ」の意味。"得"の後ろには動作の様子を描写する表現が続くのでAを選択。「"太"＋形容詞＋"了"」で「大変〜／〜すぎる」の意味。"你说得对"とも言う。決まり文句として覚えておこう。

43 正解 F

問題文和訳

彼は私が中国に来てから知り合った［最初の］友達です。

解説 "认识"は「知り合う」の意味。量詞"个"の前には数を表す語が入る。Fを選択。

44 正解 D

問題文和訳

あなたたちは何を話しているの？　こんなに楽しそうに［笑って］。

解説 「動詞／形容詞＋補語"得"」で、「〜している／〜な様子が…だ」の意味。"得"の後ろには動作の様子を描写する表現が続く。"得"の前なので、動詞のD"笑"を選択。

正解 **C**

女：どんな［お部屋］をご希望ですか？
男：ダブルルームがいいです。

解説 "想要"「〜が欲しい、したい」は、単独で使う "要" と意味は同じだが、必要性は低い。"的" の後ろには名詞が続くことからCを選択。"大床房" はダブルルームの意味。

46 正解 ✓

問題文和訳

北京に来る前は、私は麺をほとんど食べませんでしたが、今では少しずつ麺が好きになり、少なくとも1週間に1回は食べます。
★ 話し手は今は麺を食べるのが好きだ。

解説 "喜欢上"は「好きになる」である。「動詞＋"上"」で「望み通りの結果にたどり着いた」の意味。★の文と合致する。

47 正解 ✗

問題文和訳

会社のそばにミルクティーのお店が開店して、毎日人が多いです。開店して1か月になりましたが、私はまだあそこのミルクティーを飲んだことがありません。
★ あのお店は開店してもう1年になった。

解説 開店して1か月なので★の文と合致しない。"〜了"は現在その時間の長さに達していることを意味する。

48 正解 ✗

問題文和訳

私の名前はとても面白いです。なぜなら私の父の苗字が"王"で、母の苗字が"左"で、私は王左といいます。
★ 話し手と母親は同じ苗字だ。

解説 "姓"は家族名を表す「苗字」、「名前」は"名"である。フルネームの場合は日本語と同じ順番で姓が先。そのため話し手の苗字は"王"で父の苗字と同じ。"左"は下の名前のため、★の文と合致しない。

49 正解 ✓

（問題文和訳）

ここから空港まで1時間かかりますから、私たちは明日は早めに起きなくてはなりません。
★　彼らは明日空港に行くつもりだ。

解説　助動詞 "要" は「〜したい、〜する予定がある、〜しなければならない」の意味がある。★の文に合致する。

50 正解 ✗

（問題文和訳）

こちらはあなたの妹さんですね。あなたたちはひと目で家族だとすぐに分かります。皆さん
目がとても大きいですから。
★　妹の目は小さい。

解説　"一A就B" は「AするとすぐにB」の意味。家族は "眼睛都大大的" と言っているので★の文と合致しない。

51 - 55

（選択肢和訳）

A 新しく来た中国語の先生です。

B 運動は楽しい気分にしてくれると彼は言います。

C いいえ。今は携帯電話で買えます。

D なぜなら私の夫がよく飲んでいて、いろいろ聞いていますので少し分かるのです。

E 彼はどこにいますか？　あなたは彼を見かけましたか？

F ちょっと待ってください。（女性の）李さんは5分後に着きます。

51 正解 F

（問題文和訳）

全員到着しましたか？　始めてもよろしいですか？

> **解説**　"到" は「到着する」の意味。到着に関する話題からFを選択。

52 正解 A

（問題文和訳）

話しているあの人は誰ですか？

> **解説**　疑問詞 "谁" は名前を知らない人を尋ねる疑問文に用いる。Aを選択。

53 正解 C

（問題文和訳）

あなたはどこにチケットを買いに行こうとしていますか？　（列車の）駅ですか？

> **解説**　「"准备"＋動詞」は「～するつもりだ」「～を準備する」の意味。可能を表す助動詞 "能" は条件の面で「～できる」の意味もある。Cを選択。

54 正解 D

(問題文和訳)

あなたはどうしてこんなにコーヒーのことが分かる（に詳しい）のですか？

解説 疑問詞 "怎么" は「なぜ」「どうして」の意味もあり、信じがたい、思いがけないなどの場面に用いる。理由を述べる "因为〜" のあるDを選択。

55 正解 B

(問題文和訳)

彼は毎朝ジョギングに出かけます。

解説 内容から "运动"「スポーツ、運動」に関する話題であるBを選択。

56 - 60

(選択肢和訳)

A　私たちの会社に来るのはどうですか？

B　私の家には2匹いるので、あなたは家に来て彼らと遊んでもいいですよ。

C　物は悪くないですが、ただちょっと値段が高いです。

D　大丈夫です。あなたが家に着いたか着いていないか聞きたかっただけです。

E　子供たちはみんなこんな風で、毎日「どうして」とたくさん聞いてきます。

56 正解 B

(問題文和訳)

私の妻は犬が好きではないので、私の家には犬はいません。

解説 "只" は犬などを数える量詞である。動物の話をしているBを選択。接続詞 "所以〜" は前の文が原因、理由で、それを受けて「だから〜」の意味。

57　正解 C

問題文和訳

前にあるあのお店にあなたは入ったことはありますか？　どうでしたか？

解説　「動詞＋"过"」で経験を表す。疑問詞 "怎么样" があることから、お店についての質問だと分かる。"东西"「商品」、"不错"「悪くない、なかなか良い」、"贵"「高価だ」などからCを選択。

58　正解 E

問題文和訳

私の息子は毎日たくさん質問したがります。

解説　"儿子" は「息子」、"问题" はここでは「質問」の意味であり、「なぜ、どうして」と理由を尋ねる疑問詞 "为什么？" があるEを選択。

59　正解 A

問題文和訳

私は、今の仕事がとても疲れるので（きつすぎるので）、新しい仕事を探したいのです。

解説　"工作" は「仕事」の意味。仕事に関する話題であるAを選択。

60　正解 D

問題文和訳

すみません。昨日は早く寝たので、あなたからの電話が聞こえませんでした。

解説　謝罪を表す "对不起" と、それに対する返事 "没关系" をセットで覚えよう。「動詞／形容詞＋補語 "得"」で、「～している／～な様子が…だ」の意味。"得" の後ろには、動作の様子を描写する表現が続く。"听到" は「動詞＋"到"」で動作の結果を表し「聞こえた」だが、前に否定の "没" が入る場合は「聞こえなかった、聞きそびれた」の意でDを選択。

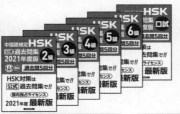

深圳大学 東京校 3つの特徴

特徴1

日本にいながらにして中国有名総合大学の学士を取得

日本にいながらにして中国四大都市の一つで、アジアのシリコンバレーと呼ばれる深圳の有名総合大学の深圳大学の学士を取得可能です。中国の大学の学士となりますが、日本の大学の学士とほぼ違いはなく、本学で学士取得後、日本国内の大学院への進学や、他大学との単位交換なども可能です。　＊文部科学省へ外国大学等の日本校としての指定を申請中（2023年4月現在）

PICK UP!　**深圳大学は、世界大学ランキングでも高い評価を得ています**

比較　U.S.News大学ランキング

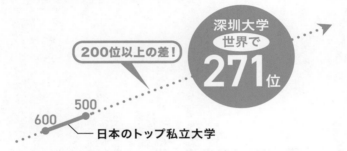

深圳大学
世界で
271位

200位以上の差！

500

600

── 日本のトップ私立大学

特徴2

中国語プラスαの能力を身につけることが可能

深圳大学現地から派遣された中国人講師が初心者にもわかる中国語を直接授業。副専攻として、経営管理やイノベーションなどについて学ぶ経営学、プログラミング、クラウド管理等を学ぶ情報コミュニケーション学を選択可能。中国語だけでなく、＋αの実践的な能力を身につけた、中国語人材の中でも競争力のある人材を育成します。

特徴3

HSK保持者に対する豊富な奨学金、最短2年で卒業可能

HSK保持者には最大24万円の奨学金がでます。また、HSK上位級の早期取得且つ成績優秀者は飛び級が可能で、最短2年で卒業できます。

深圳大学 東京校　卒業後の進路

深圳大学 東京校で中国語をマスターすれば、中国系企業への就職や大学院進学など、中国語を活かしたさまざまな進路を目指すことができます。
1. 観光、貿易、金融、IT業界等の日系企業や今後増えていく中国系企業への就職
2. 中国系グローバル企業への就職
3. 深圳大学大学院（中国語文学／経営学専攻／金融IT専攻）への進学

本書は、株式会社スプリックスが中国教育部中外語言交流合作中心の許諾に基づき、翻訳・解説を行ったものです。日本における日本語版の出版の権利は株式会社スプリックスが保有します。

中国語検定 **HSK**公式過去問集**2**級　[**2021**年度版]

2021 年 12 月 10 日　　初版　第 1 刷 発行
2023 年 8 月 15 日　　初版　第 2 刷 発行

著　　　　　者：問題文・音声 中国教育部中外語言交流合作中心
　　　　　　　　翻訳・解説 株式会社スプリックス
編　　　　　者：株式会社スプリックス
発　行　　者：常石 博之
Ｄ　Ｔ　　Ｐ：株式会社インターブックス
印 刷 ・ 製 本：株式会社インターブックス
発　行　　所：株式会社スプリックス
　　　　　　　　〒171-0021　東京都豊島区西池袋1-11-1
　　　　　　　　　　　　　メトロポリタンプラザビル 12F
　　　　　　　　TEL 03 (5927) 1684　　FAX 03 (5927) 1691　　Email ch-edu@sprix.jp

落丁・乱丁本については、送料小社負担にてお取り替えいたします。

SPRIX Inc. Printed in Japan　　ISBN978-4-906725-47-2

HSK日本実施委員会 公認

SPRIX